# 구마 사제

*Professione Esorcista*

*PROFESSIONE ESORCISTA*
Padre Cesare Truqui, Chiara Santomiero
© 2018 Mondadori Libri S.p.A.
Published by Mondadori under the imprint of Piemme

## 구마 사제

2019년 5월 28일 교회 인가
2019년 6월 28일 초판 1쇄 펴냄
2020년 3월 6일 개정 초판 1쇄 펴냄
2025년 5월 30일 개정 초판 4쇄 펴냄

**지은이** · 체사레 트루퀴, 키아라 산토미에로
**옮긴이** · 황정은
**감수자** · 윤주현
**펴낸이** · 정순택
**펴낸곳** · 가톨릭출판사
**편집 겸 인쇄인** · 김대영
**편집** · 김지현, 강서윤, 김지영, 박다솜
**디자인** · 정진아, 정호진, 강해인, 이경숙
**마케팅** · 임찬양, 안효진, 황희진, 노가영

**본사** · 서울특별시 중구 중림로 27
**등록** · 1958. 1. 16. 제2-314호
**전자우편** · edit@catholicbook.kr
**전화** · 1544-1886(대표 번호)
**지로번호** · 3000997

ISBN 978-89-321-1700-3  03230

값 15,000원

성경 · 교회 문헌 © 한국천주교중앙협의회

이 책의 한국어 출판권은 (재)천주교서울대교구 가톨릭출판사에 있습니다.
저작권법에 의해 보호를 받는 저작물이므로 무단 전재와 무단 복제를 금합니다.

가톨릭의 모든 도서와 성물, 디지털 콘텐츠를 '가톨릭북플러스'에서 만날 수 있습니다.
https://www.catholicbookplus.kr | (02)6365-1888(구입 문의)

악령과 싸우는 자

# 구마 사제
*Professione Esorcista*

체사레 트루퀴, 키아라 산토미에로 지음
황정은 옮김 | 윤주현 감수

가톨릭출판사

추천사

# 저는 믿습니다

*Professione Esorcista*

✝ 주님의 평화를 빕니다

악마는 과연 존재할까요? 가톨릭교회는 악마가 존재한다고 단언합니다. "우리의 첫 조상들이 불순명을 선택하게 된 배후에는, 하느님을 거스르는 유혹의 목소리가 있었다. …… 성경과 교회의 성전은 그 목소리에서 사탄 또는 악마라 불리는 타락한 천사를 본다. …… '악마와 모든 마귀는 하느님께서 본래 선하게 창조하셨지만 그들 스스로 악하게 되었다.'" (《가톨릭 교회 교리서》, 391항) 이 문제에 대해 프란치스코 교황님은 다음과 같이 말씀하시기도 하셨습니다. "악마의 존재는 성경의 맨 첫 페이지에 나와 있습니다. 또한 성경의 마지막 페이지에는 하느님이 악마에게 승리하셨음을 선포하기도 합니다." 그리고 다음과 같이 덧붙이셨습니다. "악마는 존재하고 우리는 악마와 싸워야 합니다!"

그러나 많은 사람들이 악마에 대해 의문을 품고 있습니다. 악마를 영화나 드라마의 소재로만 생각하는 경우도 많습니다. 이러한 사람들은 악마가 사람들이 더 착하게 살도록 하려고 만들어 낸 가공의 존재라고 여깁니다. 그리고 누군가가 악령에 씌었는지 알아내는 구마 사제에 대해서도 비슷하게 생각하곤 합니다. 악마와 관련된 문제는 교회에서 비밀리에 처리된다는 식으로 오해하곤 하는 것입니다.

이러한 오해를 풀기 위해서 이탈리아의 유명한 구마 사제인 체사레 트루퀴 신부는 《구마 사제》라는 책을 썼습니다. 구마 사제의 삶이란 어떤 것이며, 구마 기도는 어떠한 것인지, 구마 의식의 효과는 무엇인지 등을 이해하기 쉽고 전문적으로 쓴 것입니다. 이미 출간된 다른 책들이 있지만 이 책들은 출간한 지 오래되어 독자들에게 다가가기 어려운 실정이었습니다. 이 책에서 실제 구마 의식을 한 사례들을 마주하고, 아무리 악마의 힘이 강해도 하느님의 힘 앞에서는 굴복할 수밖에 없다는 것을 믿게 되기를 바랍니다. 이 책에서 말하는 하느님에 대한 믿음과 하느님의 사랑이 우리에게도 전해지면 좋겠습니다.

  예수님은 말씀하셨습니다. "믿는 이에게는 모든 것이 가능하다."(마르 9,23) 이 책이 이야기하는 구마의 효력과 본질을 이해하는 열쇠는 바로 이 말 속에 잘 녹아 있다고 생각합니다. 그리고 현대를 사는 우리에게도 이 믿음이 반드시 필요합니다. 성경에서는 예수님의 이 말씀을 들은 이가 "저는 믿습니다. 믿음이 없는 저를 도와주십시오."라고 답했습니다. 이 책을 읽고 예수님의 말씀에 우리도 이렇게 답할 수 있기를 바랍니다.

천주교 서울대교구 교구장
염수정 안드레아 추기경

서문

# 악마는 허구가 아닙니다

*Professione Esorcista*

악마가 두려운가요? 악마가 존재한다고는 확신하나요?

악마나 구마와 같은 이야기는 많은 사람에게 영화 소재로만 여겨질 수도 있습니다. 그러나 실제로 이탈리아에서는 매년 50만 명이나 되는 사람들이 악마에 씌인 것 같다며 구마 사제를 찾습니다. 이들 가운데 65퍼센트는 중남부 지역 출신의 중하위 계층 여성들이며, 25퍼센트는 미성년자이지요. 그러나 이들의 두려움은 대체로 근거 없는 경우가 많습니다.

또한 악마와 구마에 대해 적절한 교육이 필요하다고 생각하는 사람들이 많습니다. 오컬트 문화가 성행하고 있고, 사탄 관련 사이트나 블로그가 현저히 늘고 있기 때문입니다. 이제까지 조사된 것만 300개가 넘으며 여기서 활동하는 사람들만도 6,000명에 달합니다.

그렇다면 사람들이 요즘 들어 갑자기 오컬트 문화에 관심을 갖는 것일까요? 아니면 이는 전 세계 곳곳에서 언제나 일어나는 현상인 걸까요? 이에 대해서는 확언하기 어렵습니다. 다만 분명한 것은 악의 실체를 보고 싶어 하는 성향이 널리 퍼져 있다는 점입니다. 최근 몇 년 사이 오컬트에 관심을 갖는 사람들이나 그와 관련된 종파는 급증하고 있습니다.

이러한 사람들은 저주나 강령술을 행하기도 합니다. 물론 저주나 강령술을 한다고 해도 직접적인 해악이 없을 수도 있습니다. 그러나 그 행위는 사탄의 환난에 빠져들게 합니다.

유럽 계몽주의 시대엔 구마 예식을 통상적으로 시행했습니다. 그러다 보니 오히려 이성적인 종교가 오컬트라는 명목으로 어두운 구석으로 내몰렸지요. 이는 역설적이고 모순적인 것처럼 보일 수도 있습니다. 그러나 마귀는 온갖 이름과 별명을 달고 전 세계 모든 문화와 모든 종교적 표현에 언제나 존재했습니다. 주변을 둘러봐도 과학적 근거 덕분에 믿을 수 있는 것보다 비합리적인데도 믿게 되는 것이 더 많습니다.

우리 그리스도인들은 루치펠이 무엇을 좋아하고 무엇을 싫어하는지 잘 압니다. 이미 성경에 나와 있기 때문입니다. 성경 말씀에 따르면 악마는 '으르렁거리는 사자처럼 누구를 삼킬까 하고 찾아 돌아다니는' 구체적 존재입니다(1베드 5,8 참조). 이에 대해서는 제2차 바티칸 공의회의 입장 또한 매우 분명합니다.

"암흑의 세력에 대한 힘든 투쟁은 인류의 역사 전체를 관통하고 있으며, 이 투쟁은 태초부터 시작되어 주님의 말씀대로 마지막 날까지 계속될 것이다."《기쁨과 희망》, 37)

악마는 더 착하게 살라고 꾸며 낸 허구가 아닙니다. 구마 사제들은 이에 관해 증언해 줄 수 있습니다. 구마 사제는 특별한 교육을 받은 뒤 어떤 사람이 정말로 악령에 씌었는지 알아낼 특수 임무를 교구장 주교로부터 부여받은 이들이니까요. 예수님 또한 사도들에게 이처럼 말씀하셨습니다.

"너희는 온 세상에 가서 모든 피조물에게 복음을 선포하여라. 믿고 세례를 받는 이는 구원을 받고 믿지 않는 자는 단죄를 받을 것이다. 믿는 이들에게는 이러한 표징들이 따를 것이다. 곧 내 이름으로 마귀들을 쫓아내고 새로운 언어들을 말하며, 손으로 뱀을 집어 들고 독을 마셔도 아무런 해도 입지 않으며, 또 병자들에게 손을 얹으면 병이 나을 것이다."(마르 16,15-18)

구마는 사제의 직무 중에서도 아주 극적인 직무입니다. 강한 믿음과 평정심이 필요하며, 바오로 6세 교황님이 언급했듯이 교회 안까지 침투한 '사탄의 연기'를 알아차리는 '식별력'도 필요합니다. 이는 참으로 쉽지 않은 일입니다.

그래도 구마 사제들은 한 가지를 확신합니다. 바로 루카 복음서에 나오는 말씀처럼, 사탄의 힘이 신자 공동체를 무너뜨릴 수는 없다는 것입니다. 역시 오랫동안 사탄에게 유혹을 받으셨던 예수님도 다음과 같이 말씀하셨습니다.

"그러자 예수님께서 그들에게 이르셨다. '나는 사탄이 번개처럼 하늘에서 떨어지는 것을 보았다. 보라, 내가 너희에게 뱀과 전갈을 밟고 원수의 모든 힘을 억누르는 권한을 주었다. 이제 아무것도 너희를 해치지 못할 것이다.'"(루카 10,18-19)

악마는 거짓말쟁이입니다. 더 정확히는 요한 사도가 전한 바와 같이 거짓의 아비이지요(요한 8,44 참조). 하지만 구마 사제가 악마에게 진실을 말할 것과 신자와 교회를 내버려 둘 것을 하느님의 이름으로 명하면 악마는 떠납니다. 그러나 싸움은 쉽지 않습니다. 때로는 사제와 부마된 사람 모두에게 말할 수 없는 고통이 찾아옵니다. 이는 그야말로 전쟁입니다.

악마는 영이기 때문에 눈에 보이지 않습니다. 이기심이나 시기·질투로 인한 행위를 눈으로 볼 수는 있지만 이기심이나 시기·질투 자체를 볼 수는 없는 것처럼 말입니다. 선과 악의 모든 영적 실재가 마찬가지입니다.

구마 예식은 보이지 않는 것에 창문을 열어 놓습니다. 악마는 몸짓과 목소리, 눈빛으로 자신을 드러내지요. 누구나 한 번이라도 악마의 그르렁대는 소리를 듣거나 악마의 눈빛을 본다면, 결코 잊지 못할 것입니다. 악마에 접촉하는 것은 부마된 사람을 통해서만 할 수 있습니다. 부마된 사람이 해방되는 동안 내뿜는 증오와 교만은 악마의 뚜렷한 징표입니다. 그리고 이 증오와 교만에서 우리는 주님의 은총과 돌보심이 없다면 우리 또한 빠질 수 있는 깊은 파멸을 볼 수 있습니다.

# 차례

추천사 저는 믿습니다 4
서문 악마는 허구가 아닙니다 7

## 1. 구마 사제가 되어 겪은 일

하느님과 악마, 둘 중에 어느 쪽이 더 강하냐고요? 17
네, 저 여기 있습니다 23
나를 도와 같이 기도해 주게 30
사탄의 힘은 영원하지 않습니다 40
주교나 교황! 49
안녕은 하신가? 57

## 2. 구마란 어떤 것인가?

타락한 천사, 사탄 67
악마는 존재한다 75
사탄의 연기 84
믿는 이에게는 모든 것이 가능하다 93
예수님의 이름으로 105
어떤 구마 예식이 가장 효과적인가요 112
악마야 물렀거라 122
제 이름은 131
제 아내를 원래대로 돌려 주세요 137
명백한 부마의 징후 147
정신적인 문제와 부마의 징후 152

## 3. 악마에게 맞서다
식별  159
난 떠나지 않아  167
악마에게 문을 열어 주지 마십시오  182
이게 악마의 저주가 아니라면  190
악마가 벌이는 여러 가지 소행  200
- 괴롭힘과 유혹
- 부마, 강박 관념, 침입
- 저주

날 내버려 둬  222

## 4. 주님은 왜 이것을 허락하신 걸까요?
믿는 이는 승리합니다  231
저희를 유혹에 빠지지 않게 하시고, 악에서 구하소서  240

# 1

## 구마 사제가 되어 겪은 일

# 하느님과 악마, 둘 중에 어느 쪽이 더 강하냐고요?

*Professione Esorcista*

라라 부인은 지쳤다. 온몸을 휘감는 고통의 소용돌이가 멈추지 않았다. 팔과 다리에 수만 개의 핀이 찌르는 듯한 고통이 계속되었다. 종아리에 누가 쾅쾅 못을 박는 듯했다. 그는 내게 자신의 고통을 이렇게 표현했다.

"화분에 꽃을 꽂고 있는 것 같아요."

핀으로 찌르는 고통은 라라의 팔다리를 엄습한 다음 복부에 자리 잡은 채 사라지지 않았다. 밤이면 밤마다 목을 조르는 손길에 숨이 막혀 잠에서 퍼뜩 깨곤 했다. 더 이상 버틸 자신이 없다는 생각이 자꾸 들었다. 이런 불가사의한 현상에 시달려 온 지 벌써 20년이나 되었다. 그동안 수많은 의사들과 상담했다. 그러나 어떤 의사도 라라 부인의 증상을 심각하게 여기지 않았다. 그들은 매번 이렇게 말했다.

"집에 가서 푹 쉬세요, 부인."

라라 부인의 머리카락은 어느새 다 빠져 버렸다. 검정 머리띠로 올려 넘긴 긴 금발은 그의 모발이 아니다. 고통이 '마치 머리에서 증발해 버린 것처럼' 싹 가셨다고 느낀 유일한 순간은 중앙 아메리카행 비행기를 탔을 때뿐이었다. 이는 그가 두 아이를 입양하러 카리브해의 어느 섬으로 가던 길이었다.

6년 전부터 라라 부인과 그의 가족은 매주 토요일마다 자매단Samedan으로 와서 나와 만난다. 집에서 이 마을을 오고 가는 데는 두 시간씩 걸린다. 어느새 이 길은 가족들에게 너무도 익숙한 길이 되었다. 그 길에 있는 마을, 슈퍼마켓, 약국까지 죄다 꿰고 있다. 그러나 그만큼 고통스런 상황에서 벗어날 수 있으리라는 희망은 점차 꺼져 가고 있다.

라라 부인은 이제 '악'도 '선'만큼 강하다 믿고 있다. 선과 악이라는 우열을 가릴 수 없는 두 힘이 싸우고 있고 그 전쟁터가 바로 자신의 몸 같다고 여긴다. 구마 예식이 대체 무슨 소용이 있는지 모르겠다. 기도 모임에서 쉼 없이 바치는 전구도 소용이 없다. 고해성사나 성체성사를 자주 보는 것도 전혀 도움이 되지 않는다. 라라 부인은 구마 예식을 시작하려고 내가 손에 쥐어 준 십자가만 연신 만지작거린다. 이제 울기도 지쳤다. 부인은 고개를 떨군 채 가느다랗게 말했다.

"악령은 고양이가 쥐를 가지고 놀 듯 저를 가지고 놀아요. 저를 속여 구마 예식 후에는 좀 나아졌다고 생각하도록 하고는 곧 다시 괴롭히네요. 저는 더 이상 못하겠어요."

나는 부인을 격려했다.

"자기들 힘이 약해지는 것 같으니 더욱 더 강하게 부인을 괴롭히려 드는 것입니다. …… 분명히 선은 악보다 강합니다. 그러나 선은 침묵 속에서 자라기에 알아차리기 어렵습니다. 부인이 하고 있는 체험은 그저 악마에게 괴롭힘 당하는 것을 넘어서서 우리 모두를 한데 묶어 줄 체험입니다."

부인의 아이들인 레나토와 막달레나는 안락의자에 함께 앉아 조용히 놀고 있었다. 아이들이 있는 작은 방에서는 산이 내다보였다. 라라 부인은 그런 아이들을 한 번 쳐다본 후 눈물이 그렁그렁 맺힌 채 말했다.

"악마는 도대체 왜 저를 해치려고 하는 걸까요? 제가 다른 사람들보다 많이 가진 것도 아니잖아요. 저를 왜 시기하는지 알 수 없어요. 제가 가진 건 단지 집 한 채와 남편, 아이들뿐이라고요."

라라 부인은 이미 오래 전부터 집 밖에서 일을 할 수 없었다. 그래서 학교 수업을 잘 따라가지 못하는 학생들에게 교과목 복습을 시켜 주는 일을 한다. 그는 많은 시간을 성령 쇄신 기도 모임에 도움을 구하기 위해 쓴다. 이미 수많은 기도 모임에 도움을 구했다. 그는 가족들과 함께 차로 수백 킬로미터 떨어진 곳까지 다니기도 한다. 국경 바로 아래에 있는 코모Como와 레코Lecco는 물론 칼라브리아Calabria나 시칠리아Scilia까지, 말 그대로 이탈리아 반도의 구석구석을 찾아다닌다. 간혹 라라 부인은 나에게 장문의 메시지를 보내고는 한다.

"어제도 핀에 찔리는 듯한 고통에 밤늦게까지 너무 괴로웠어요. 더 이상 이겨 낼 수 없다는 생각이 들고 이러다가 미칠 것만 같았죠. 열도 갑자기 올라 38도가 넘었어요. 오늘 아침엔 어젯밤 같은 고통은 아니었지만 주먹으로 한 대 얻어맞은 듯 피부가 아팠어요. 도대체 왜 이런 고통을 겪어야 하는 걸까요?"

구마 사제는 고통받는 사람들을 위하는 자비의 직무입니다. 내게 한 독일인이 찾아온 적이 있습니다. 그는 인터넷에서 나에 대해 알게 되었고, 어디에서도 도움을 얻지 못했던 긴 여정을 끝낼 수 있었습니다. 절망 속에서 돈과 시간만 들었던 힘든 여정이었지요. 그러나 이런 경우만 있는 것은 아닙니다. 대부분의 구마 사제들은 부마자들에게 감정 이입하거나 그들을 불쌍히 여기기 때문에 인간적인 괴로움을 겪습니다. 아울러 고통받는 사람들을 고통에서 벗어나게 해 줄 수 없다는 것 때문에 믿음에 큰 시련을 겪습니다. 전력을 다해 수없이 기도하고, 구마 예식을 반복했는데도 결과를 볼 수 없을 때 이러한 느낌을 받고는 합니다.

하느님과 악마, 둘 중에 어느 쪽이 더 강하냐고요? 많이들 묻는 질문입니다. 그러나 구마 사제 역시 이에 대해 자신할 수 없는 때가 많습니다. 신앙 안에서 우리는 하느님 아버지가 어둠보다 강하시며 결코 당신 자녀들을 내버려 두지 않으시리라는 것을 믿습니다. 하지만 겉보기에 악마는 하느님께 대적할 수 있고 심지어 하느님의 자녀들을 이길 수 있는 것처럼 보이기도 합니다.

## 네, 저 여기 있습니다

*Professione Esorcista*

드 미네 신부님은 자신이 바로 구마 사제라고 말하는 사람들을 섣불리 믿어서는 안 된다고 말합니다. 단순히 구마 사제가 하는 일에 매력을 느끼는 사람일 수 있기 때문입니다. 실제로 일부 사제들은 오컬트 같은 데 흥미를 느끼곤 합니다. 일부는 자신이 악마가 있는지 아닌지 구별할 수 있다고 생각합니다. 그렇지만 결국에는 어디에나 악마가 나타났다 할 뿐입니다. 단순히 감기 증상에 불과한데도 말이지요. 이들이 악마에게 사로잡히는 문제나 악마의 괴롭힘에 대해 말하기 시작할 때에는, 아무도 말릴 수 없습니다. 프란체스코 바몬테François Bamonte 신부님이나 프랑수아 드 미네François Dermine 신부님, 가브리엘레 아모르트Gabriele Amorth 신부님과 같은 위대한 구마 사제는 절대 그러지 않을 것입니다. 악마는 이해하기 어려운 신비이지만, 악마의 존재 자체에 집착해서는 안 됩니다.

구마 사제로 살면서, 나는 구마 사제의 삶이란 자비를 행하는 것이라고 여기고 있습니다. 구마 사제는 고통받는 사람들과 가까이서 함께하는 삶을 살기 때문입니다. 구마 사제가 되도록 이끈 소명 또한 사제가 되도록 이끈 소명과 같았습니다. 삶을 정말로 변화시킬 수 있는 것은 우리를 부르시는 주님과 만나는 것뿐이니까요. 내게 일어났던 일처럼, 길모퉁이에서 갑자기 일어날 수도 있는 일입니다.

나는 사막이 도시와 만나는 곳인 멕시코 북부 소노라주에서 태어났습니다. 내가 태어난 1968년도는 젊은이들의 대규모 시위와 변화의 바람으로 점철된 해입니다. 그러나 내 어린 시절은 비교적 평화로웠습니다.

아직 어렸을 때 우리 집은 멕시코 시티로 이사를 갔습니다. 그리고 거기서 아버지는 친할아버지와 삼촌들과 함께 고급 자동차 판매 대리점을 운영했지요. 내게는 두 누이와 남동생이 있는데, 누이들은 이제 캘리포니아와 펜실베니아에 살고 있으며 남동생은 캐나다에 살고 있습니다. 부모님은 아직도 멕시코에 남아 있고요.

우리 집은 아주 화목한 가정이었습니다. 나는 좋은 학교에 다녔고 풍족하고 평탄한 생활을 했습니다. 스물다섯 살 때가 내 전성기였습니다. 방송국 PD라는 멋진 직업, 진심으로 사랑하는 여자 친구, 스포츠카 등 누구나 바랄 만한 것을 다 가지고 있었으니까요. 많은 젊은이들이 바라는 삶이었습니다. 나 또한 내 삶을 사랑했으며 성직자가 되어야 한다는 소명 의식과는 거리가 멀어도 한참 멀었습니다. 독실한 집안이기는 했지만 말입니다.

그러나 하느님은 나를 기다리고 계셨습니다. 어느 날 TV 스튜디오로 돌아가는 길모퉁이에서, 나는 반복적으로 자신의 한쪽 팔을 문지르고 있는 한 걸인을 보게 되었습니다. 찢어진 재킷 소매에 더럽혀진 바지로 같은 행위를 계속해서 기계적으로 반복하던 걸인을 그저 지나칠 수 없었습니다. 그를 가만히 지켜보며 나는 수많은 생각을 했습니다. 어려운 이를 처음 본 것도 아니었습니다. 오히려 그러한 이들을 수없이 보았지요. 누군가에게는 무심코 얼마를 기부하기도 했습니다. 그러나 나는 그 얼굴에 눈을 못 박은 채 그 자리에 우두커니 멈춰 서게 되었습니다. 교통 소음과 혼잡함도 느끼지 못하고 말입니다. 그 대신 마음속에 울리는 뚜렷한 음성을 들었습니다.

"네가 저 사람과 같은 사람들을 돕고자 한다면, 사제가 되어라. 이는 내가 원하는 일이다."

하느님과 예수님의 분명하고 심오한 부르심이었습니다. 그 부르심에 '네'라고 대답하는 데에는 어떠한 의무감도 작용하지 않았습니다. 오히려 그 부르심은 크나큰 명예였습니다! 하느님이 내게 귀한 경험을 허락하신 것입니다. 신학에서는 이를 '본질적인 내적 표현'이라 정의하는데, 이는 하느님의 뜻을 '생생하게' 경험하는 것이자 마음속에 떠오른 영감과 정신을 함께 보게 되는 것입니다. 이런 경험을 하게 되면 하느님이 말씀하신 것에 추호도 의심할 수 없게 됩니다.

다마스쿠스로 가는 길에서 바오로 사도에게 일어났던 일처럼, 주님은 나를 사제직으로 부르셨습니다. 다만 내 힘으로만 하려 했다면 당시 나는 내가 가진 모든 것을 버리지 못했을 것입니다. 그러나 나는 살아 있는 주님과 감각적으로 마주한 경험 덕분에 가치관을 다시 세우게 되었습니다. 내가 사제의 길을 가겠다 했을 때 가족들은 이해하기 어려워했습니다.

아버지는 눈물을 흘리며 말렸죠. 그러나 나는 아버지에게 이렇게 말했습니다.

"제 길이 아니라면, 하느님은 저를 부르지 않으셨을 것입니다. 제가 이 부르심을 일시적인 것으로 여긴다면 그것이야말로 사탄의 짓이겠지요. 복음서에는 이렇게 기록되어 있습니다. '너희는 먼저 하느님의 나라와 그분의 의로움을 찾아라. 그러면 이 모든 것도 곁들여 받게 될 것이다.'(마태 6,33) 저는 이 약속을 믿습니다."

그리스도에 대한 생생한 체험은 서서히 희미해졌습니다. 신학교에 들어가 사제가 된 지 12년이 지난 지금까지, 그런 체험은 더 이상 일어나지 않았습니다. 그러나 나는 이 체험이 정말 필요한 체험이었다고 확신합니다. 그 체험이 없었다면 '사제의 소명'이 무엇을 말하는지 알지 못했을 것이기 때문입니다. 물론 그런 체험이 더 이상 일어나지 않아 아쉬운 마음은 있습니다. 그래도 참된 믿음은 감각이 아니라 우리가 믿는 것에 근거한다는 것을 잘 알고 있습니다.

교차로에서 걸인을 만났던 그 순간부터, 어느 곳에서 부르심을 받고 직무를 행하게 되든 내 삶은 하느님께 속하게 되었습니다. 예수님은 사도들에게 이렇게 명하셨습니다.

"너희는 온 세상에 가서 모든 피조물에게 복음을 선포하여라."
(마르 16,15)

나는 멕시코에서 '그리스도의 레지오 수도회'의 수사들과 알게 되었습니다. 이 수도회는 레뉴 크리스티 사도직 운동에 속하는 평신도들을 교육하는 특별 사목을 맡고 있습니다. 많은 수사들이 다양한 국가에서 왔기 때문에, 전 세계에서 하느님을 섬기고 있음을 깨달았습니다. 나는 과달라하라에서 첫 번째 수련기를 보낸 후 미국 코네티컷주의 체셔에서 두 번째 수련기 2년을 보냈습니다. 이곳은 그리스도의 레지오 수도회가 사제직 예비자들을 위해 수련소를 운영하는 곳입니다.

세계적으로 유명한 스키 명소인 스위스의 생 모리츠 인근에는 작은 마을인 자메단이 있습니다. 현재 나는 여기서 살고 있습니다. 이곳은 교육받은 이탈리아 및 포르투갈계 이민자 공동체가 몇 년 동안이나 선교사를 기다리고 있던 곳입니다. 놀랍게도 나는 멕시코 출신인데도 이곳에 선교사로 와 달라는 제안을 받았습니다. 그리고 나는 이에 응답했습니다.

"네, 저 여기 있습니다."

다른 유럽 국가들보다 세속화가 많이 된 곳이기에 복음 선교라는 사명은 큰 도전이었습니다. 나는 스위스에 복음을 선포하는 일이 매우 중요하다고 생각합니다. 생활 수준이 매우 높은 국가이기에 그렇지 않을 것 같지만, 의외로 스위스 사람들은 하느님의 말씀을 듣는 것에 목말라 있었으니까요.

나는 내 수도 성소를 키워 주었고 나를 수도자로 양성해 준 곳인 그리스도의 레지오 수도회를 떠나기로 결심했습니다. 왜냐하면 그리스도의 레지오 수도회의 카리스마는 본당 사목에 있지 않았기 때문입니다.

이제 나는 쿠어 교구의 사제이자 구마 사제입니다. 내가 구마 사제가 된 것은 부제 때와 사제 생활 초기 몇 년을 로마에서 지냈기 때문입니다. 바로 거기서 모든 것이 시작되었습니다.

## 나를 도와 같이 기도해 주게
*Professione Esorcista*

　2004년 10월 나는 '그리스도의 레지오 수도회'가 설립한 교황청립 사도들의 모후 대학 내의 사제 양성 연구소에 있었습니다. 사도들의 모후 대학은 신학, 영성, 사목 강의 등을 통해 사제들의 평생 교육을 담당하는 곳입니다. 이곳에서는 2004년에 구마 사제를 준비시키는 강의가 시작되었습니다. 이는 볼로냐의 GRIS(사회·종교 정보 연구 단체) 대표인 쥬세페 페라리Giuseppe Ferrari가 제안한 아이디어였습니다. GRIS는 수년 동안 사이비 종교와 악마 숭배를 연구해 온 단체입니다.

　페라리는 GRIS 활동을 하면서 구마 사제들의 자질이 부족하여 벽에 부딪친 적이 많았다고 합니다. 그런데도 사제를 양성하는 과정에는 구마 사제를 교육시키는 과정이 들어 있지 않았습니다. 그리고 간혹 주교들이 이에 관여하기를 주저하는 경우도 있었습니다.

이에 반해 사도들의 모후 대학의 사제 양성 연구소는 이미 12년 전부터 구마 예식 및 해방 기도 문제를 여러 학문 분야 간의 협력을 통한 접근으로 다뤄왔습니다. 이 분야에 두각을 보인 곳이지요. 그래서 구마 사제 양성 과정이 여기에 개설되었습니다. 본 과정에는 신학자, '현직' 구마 사제, 전례학자, 인간학자, 정신과 의사, 과학 경찰 등이 참여합니다. 그래서 각 분야에 관한 전문 지식을 습득할 기회를 제공합니다.

구마 사제 양성 과정의 또 다른 중요 특징은 평신도들에게도 열려 있다는 것입니다. 물론 사제만이 구마 사제가 될 수 있지만, 다양한 분야의 전문가들이 이 과정을 들었습니다. 그들은 악마에 대한 문제와 직면하여 이 문제에 대해 심도 깊게 알 수 있었습니다. 또 이 과정은 어떤 의도에서건 구마 예식이라는 교회 방침에 대해 생겨날 수 있는 각종 위험한 혼란이나 가설들을 피할 수 있게 해 줍니다. 과연 구마 사제 양성 과정은 개설과 동시에 '성공'을 거뒀습니다. 텅 비었던 구마 교육에 대한 빈자리를 채워 주었기 때문이지요.

구마 사제 양성 과정을 듣기 시작했을 때 나는 아직 신학 공부를 하고 있는 부제였습니다. 그래서 사제품을 받은 뒤에야 본격적으로 구마 사제로 활동할 수 있었지요. 하지만 일찍이 부제였을 때에도 구마 예식에 참여했습니다.

구마 사제 양성 과정 강의는 매주 목요일마다 있었다. 이 강의에는 거의 130명이나 되는 사제들이 수강하여 언론의 큰 주목을 받았다. 나는 그 당시 강의 조정 담당자로 강의를 해 줄 이들을 섭외할 수 있었다. 그래서 당시에는 매우 유명하다는 것만 알고 있었던 아모르트 신부님을 이 수업에 직접 섭외할 수 있으리라고 생각했다. 그러나 예비 구마 사제들을 대상으로 강의해 달라고 부탁드리고자 아모르트 신부님을 찾는 일은 쉽지 않았다. 아모르트 신부님에게는 직접 통화할 수 있는 전화번호가 없는 듯했다. 아무리 연락을 해도 받지 않았다. 우여곡절 끝에 드디어 아모르트 신부님과 연락이 닿았는데 그는 전화로 설명할 시간이 없으니 산타 마리아 델리 안젤리Santa Maria degli Angeli 성당으로 오라고 했다.

나중에야 알았지만 아모르트 신부님은 정말 다른 일을 할 시간이 거의 없었다. 로마 교구의 구마 사제로서 수많은 의뢰를 받고 있어서 하루 종일 다른 일은 할 수 없었다. 오전 9시부터 정오까지, 그리고 오후 3시부터 오후 6시까지, 사람들을 악마에게서 구하는 일로 회사 직원처럼 일했던 것이다.

나는 제시간에 도착해 그분이 있겠다고 한 방으로 다가갔다. 문을 두드렸지만 아무런 대답이 없었다. 그래서 조심스레 방문을 열어 보았는데, 수단을 입은 사제가 십자가를 쥔 채 급박하게 말하고 있는 모습이 보였다. 아모르트 신부님이었다.

"악마야 물렀거라."

신부님이 상대하는 이는 남성이었다. 그는 분명 이 세상의 것이 아닌 낮고 쉰 목소리로 외쳤다.

"죽여 버릴 거야!!!!!"

너무 충격적인 장면이었다. 머리카락이 곤두서고 몸이 돌처럼 굳어졌다. 그러나 아모르트 신부님은 대수로운 일이 아니라는 듯 안으로 들어오라고 했다. 그러고는 이렇게 말했다.

"나를 도와 같이 기도해 주게."

덕분에 나는 그 예식이 끝날 때까지 정신없이 기도해야 했다. 예식이 끝났을 때 나는 이제야 강의에 대해 말할 수 있겠다고 생각했다. 그러나 그보다 먼저 아모르트 신부님이 말했다.

"잠시만 있어 보게."

그는 그 말만 남기고 사라졌다. 다른 구마 예식이 두 건이나 더 있었던 것이다.

아모르트 신부님과 나눈 우정과 내 삶의 바탕이 된 경험은 이렇게 시작되었습니다. 가브리엘레 아모르트 신부님은 너무나 좋은 사람이었습니다. 그는 사제뿐 아니라 평신도들에게도 매우 따뜻한 사람이었습니다. 특히 누구나 구마 예식에 동참하도록 하여 악마의 존재를 확신하도록 했습니다. 그때만 해도 나는 머지않아 곧 악마가 내 삶의 '동반자'와 같은 존재가 될 줄은 꿈에도 몰랐습니다.

같은 해 7월, 나는 이스라엘에서 연구 강의를 듣고 로마로 돌아오게 되었다. 로마로 돌아오는 비행기에는 승객이 그리 많지 않았다. 그런데 내 자리 바로 뒷 열에는 예쁜 핀란드 아가씨 두 명이 앉아 있었다. 자리에 앉아 있다가 나는 무심코 뒷자리에서 나누는 대화를 듣게 되었다. 두 아가씨 중 한 명이 말했다.

"우리 여기서는 키스를 못하겠네."

그제야 나는 이들이 연인 관계임을 알아챘다.

어떤 활동에 집중하고 있는 순간이 아니라면 늘 그렇게 하듯이, 《성무일도》를 펼치고 시간경을 바친 뒤 조용히 묵주 기도를 드렸다. 그러다가 갑자기 사탄이 그르렁거리는 소리를 들었다. 내가 잘못 들은 것이 아닐까 생각할 때 이런 말이 들려 왔다.

"아니, 잘못 듣지 않았어. 나를 한 번 만나면 잊을 수가 없지."

나는 악마가 바로 뒤에 있다는 것을 알아차렸다. 그래서 그동안 구마 예식에서 본 대로 악마가 스스로를 드러내도록 해야겠다고 생각했다. 나는 라틴어로 또박

또박 '명령'했다.

"인 노미네 예수 프래치피오 티비, 시 에스 히크 마니페스타 테In nomine Iesu præcipio tibi, si es hic, manifesta te(예수님의 이름으로 명하노니, 네 이름을 밝혀라)!"

이는 악마가 나타났을 때 악마의 정체를 밝히기 위해 내리는 명령이었다. 그런 뒤 나는 머릿속으로 주님의 기도와 성모송, 영광송을 그리스어로도 라틴어로도 바쳤다. 그러나 악마는 아무런 반응이 없었다. 그래서 나는 다시 '명령'을 내렸다.

"인 노미네 예수 프래치피오 티비, 시 에스 히크 마니페스타 테In nomine Iesu præcipio tibi, si es hic, manifesta te(예수님의 이름으로 명하노니, 네 이름을 밝혀라)!"

이번에는 "네 이름을 밝혀라"라는 말이 끝나기도 전에 무언가가 날아와 내 머리에 부딪혔다. 아가씨 둘 가운데 한 명이 승무원에게 받은 초콜릿을 내 머리에 집어 던진 것이다.

나는 깜짝 놀랐다. 악마가 실로 자신을 드러내다니! 그 순간 세 가지 생각을 했다. 첫째는 구마 예식을 할 수 있을까 하는 생각이었다. 그러나 나는 구마 예식을 행할 수 없었다. 나에게는 구마 예식을 할 권한도 방어할 힘도 없었다. 둘째는 기도를 계속한다면 사악한 존재가 화를 낼 거라는 생각이었다. 그렇게 되면 그 존재는 아가씨들을 이용해 나에게 폭력을 행사할지도 몰랐다. 셋째는 악마를 자극하지 않으려고 기도를 멈추어도 악마가 나를 공격할 거라는 생각이었다. 결론적으로 나는 악마에 대해 너무 순진하고 성급하게 행동한 것이었다.

나는 바닥에 떨어진 초콜릿을 주워 아가씨들에게 돌려주었다. 나는 그것이 실수이기를 바랐다. 하지만 뒤로 가서 그 아가씨들의 좌석 테이블 중 한 곳에 초콜릿을 놓았을 때, 나는 그들이 나를 얼마나 사악한 눈빛으로 쳐다보는지 알 수 있었다. 방금 벌어진 일은 '장난'이 아니었다. 정말 '공격'이었던 것이다.

나는 성모님께 보호를 청하는 기도를 계속해서 드렸다. 그러면서 승객용으로 제공된 잡지를 훑어보기 시작했다. MD90의 공기 역학과 IAE 터보팬 V2500의 꼬리 엔진 출력에 대한 내용이 그렇게나 위안과 안심이 될 줄 이야! 나는 비행기에서 내리면서 짧은 시간을 내어 두 여성에게 본국에 돌아가면 신부님과 평온하게 대화를 나눠 보라고 권유했다.

우리는 악마가 존재한다는 사실을 신앙을 통해 깨우칩니다. 특히 라틴 아메리카 국가에서는 악마를 쉽게 언급합니다. 라틴 아메리카 사람들은 악마가 존재한다고 믿으며, 악마가 우리의 삶에 작용할 수 있다고 생각합니다. 이런 면에서 프란치스코 교황님이 악마에 대해 말하는 데 그토록 거리낌이 없는 이유도 이해할 수 있지요. 악이 있다면, 악이 나타날 수도 있습니다. 악이 있다면, 악에 대해 말할 수도 있습니다.

라틴 아메리카에서 신앙은 단순히 지성의 영역에만 머물지 않습니다. 그것은 하루하루의 생활에 영향을 끼치는 '현실'입니다. 어린 시절부터 나는 연옥 영혼과 수호천사를 믿어 왔습니다. 또한 예수님이 우리에게 계시하셨던 것처럼 악마가 존재한다 믿어 왔습니다.

나는 가브리엘 아모르트 신부님과 만나 복음에 관해 이야기를 많이 나눴습니다. 특히 예수님이 악마에게 하신 일에 대해 자주 이야기했지요. 그분과 함께하며 '가르침'을 받은 행운의 4년은 이후 내 삶에 아주 중요한 근간이 되었습니다.

# 사탄의 힘은 영원하지 않습니다

*Professione Esorcista*

"기쁜 마음으로 체사레 트루퀴 신부님을 소개합니다. 체사레 트루퀴 신부님은 몇 년 동안 저의 구마 기도에 동참했으며, 우리 주 예수 그리스도의 뜻대로 구마 직무를 행함에 있어 특별한 감각을 보여 주었습니다."(2011년 10월 27일 아모르트 신부가 쓴 증명서)

자매단에 있는 내 방에 들어오면 나와 아모르트 신부님이 함께 찍은 사진을 볼 수 있습니다. 고대에는 제자들이 자신이 따를 스승을 선택하여 그 스승에게 수사학이나 철학의 토대를 배웠습니다. 나는 아모르트 신부님이 나의 스승이라고 생각합니다. 나를 위해 언제나 시간을 내준 아모르트 신부님에게 어떤 말로도 감사를 다 나타낼 수 없을 것 같습니다.

나는 아모르트 신부님과 수없이 대화를 나누었습니다. 악마에 대한 이야기만 빼고 모든 주제에 대해 몇 시간이고 대화를 나눴지요. 의외로 아모르트 신부님이 몰두하고 있는 것은 사탄이 아니라 예수님과 성모님이었습니다. 신부님은 하느님의 아들 예수님과 그분의 어머니인 성모님께 푹 빠져 있었습니다. 8년 동안 성바오로 출판사의 월간지인 〈성모 마리아〉의 편집장을 괜히 맡으신 것은 아니었지요. 신부님의 가장 큰 가르침은 성모님에 대한 사랑이었습니다.

아모르트 신부님은 구마 사제는 성모님과 가까이 있어야 한다고 말했습니다. 성모님이 최초로 고대의 뱀을 밟고 주님과 함께 악마와 맞서 싸우셨기 때문이라고요. 아모르트 신부님은 성모님이 악의 세력에서 보호해 주신다 느끼고 아무 두려움도 갖지 않았다고 했습니다.

내 방에 있는 금방이라도 무너질 것 같은 선반에는 사진이 수북이 쌓여 있습니다. 그 가운데에는 아모르트 신부님이 자신이 쓴 구마에 관한 책을 내게 선물하는 모습이 찍힌 사진도 있습니다. 그 사진을 볼 때면 늘 마음이 크게 울립니다. 아모르트 신부님은 정말 많은 사제들을 가르쳤습니다. 자신의 직무나 지식을 나누는 데에 거리낌이 없는 분이었지요.

아모르트 신부님의 지침은 간결했고, 법규처럼 정해져 있는 것이 아니었습니다. 신부님은 실례를 통해 지침을 만들었습니다. 그 가운데 가장 중요하게 여긴 첫 번째 지침은 '복음 말씀을 굳게 믿을 것'이었습니다.

"믿는 이들에게는 이러한 표징들이 따를 것이다. 곧 내 이름으로 마귀들을 쫓아내고 새로운 언어들을 말하며, 손으로 뱀을 집어 들고 독을 마셔도 아무런 해도 입지 않으며, 또 병자들에게 손을 얹으면 병이 나을 것이다."(마르 16,17-18)

사실 구마는 예수님의 이름으로 행해야 하는 직무입니다. 신부님은 말했습니다.

"주님께 우리를 맡기고 안심합시다. 사탄의 힘은 영원하지 않습니다."

또한 소속 교구의 주교를 굳게 따르길 권고했습니다. 어느 사제나 마찬가지겠지만, 악마와의 싸움에서 매개 역할을 하는 구마 사제들에게는 이것이 특별히 더욱 중요하다고 강조했습니다. 또한 신부님은 의식을 매우 충실하게 거행하는 것을 중요시했습니다. 구마 예식에 사용되는 문구는 낭독하는 데 30분도 넘게 걸릴 만큼 깁니다. 물론 신부님도 사람들이 많을 때나 처음 구마 예식을 드릴 때에는 앞 부분만 낭독하기도 했습니다. 하지만 교회 말씀을 사용하는 데 있어서는 엄격했습니다.

신부님은 실제 현실에서 발생하는 문제에 대해서도 주의할 점을 짚어 주었습니다. 그 가운데 하나는 도움을 청하러 온 사람들에게 어떤 형태의 보답도 받지 말라는 것이었지요. 사람들의 눈에 구마가 일종의 유료 서비스로 비춰질 위험이 있으니까요. 구마는 교회의 신성함을 걸고 고통받는 이들에게 베푸는 교회의 큰 자선입니다.

그리고 성적 추문이 생길 수도 있는 상황에도 주의를 기울이라고 조언했습니다. 실제로 구마 예식 중 젊은 여성들과 필요 이상으로 신체적인 접촉을 했다고 한 사제가 쫓겨나는 일도 있었습니다. 그러니 구마 사제로서 정직하지 못한 의도가 있다고 의심을 살 만한 어떤 여지도 남겨서는 안 됩니다.

그러나 아모르트 신부님이 다른 무엇보다도 권한 것은 바로 '기도하는 삶'입니다. 신부님은 세상을 떠나기 전 마지막 몇 해 동안을 수도회 형제들과 함께 시간을 보냈습니다. 타인을 위해 많은 시간을 썼으나 마지막은 그렇게 시간을 보냈지요. 이는 존경할 만한 사제의 모습이었습니다. 신부님은 이웃을 위해 모든 에너지를 쏟아 부으면서도 한편으로는 수도회 안에서 수도자로서 삶을 살았습니다. 아모르트 신부님은 바오로 수도회에 입회하기 전 다양한 경험을 했습니다. 갓 18살이던 제2차 세계 대전 중에는 정당 활동을 했고, 법학 학위를 받았으며, FUCI(이탈리아 가톨릭 대학교 연맹) 활동, 가톨릭 액션 및 정치 활동도 했습니다. 그래서 폭력과 감언 이설, 권력의 유혹 등 세상 물정을 잘 알고 있었습니다. 신부님은 이렇게 말했습니다.

"악마의 관심을 우리에게서 돌리는 방법은 우리 스스로를 하느님 아버지, 그분에게서 나오는 아름다움과 선함에 끌리도록 하는 것이라네."

그리고 그 열쇠가 기도임을 재차 강조했습니다.

사제직을 시작한 뒤 4년 동안 아모르트 신부님과 함께 활동하며 삶의 한 구간을 나눌 수 있었던 것은 나에게 큰 도움이 되었습니다. 자신의 경험을 내게 전해 주고 싶어 한 신부님에게 깊이 감사합니다. 나는 스스로를 아모르트 신부님을 동경하고 닮으려는 사람이라고 생각합니다. 사람들은 아모르트 신부님을 힘이 있는 마술사로 생각했습니다. 자신들을 괴롭히는 악령을 즉시 쫓아내는 사람으로 생각했지요. 그러나 그렇지 않습니다. 결코 그렇지 않지요.

나는 아모르트 신부님처럼 교회에 '충실'하면서도 구마와 어느 정도 '거리를 둔' 사제가 되고 싶습니다. 신부님은 악마에만 몰두하지 않았습니다. 이런 면에서 신부님의 '가르침'을 느낍니다. 나는 어느 곳에나 악마가 있다고 보지 않습니다. 악마의 존재를 믿지만, 그것이 내 교회 생활의 전부는 아닙니다. 이런 관점에서 본보기가 되는 이가 바로 바오로 사도입니다. 바오로 사도는 코린토 신자들에게 보낸 첫째 서간에서 다음과 같이 말했습니다.

"내가 그리스도를 본받는 것처럼 여러분도 나를 본받는 사람이 되십시오."(1코린 11,1)

운 좋게도 나는 아모르트 신부님과 함께할 기회가 많았습니다. 구마 강의에서도 그랬지만 외부에서도 그랬습니다. 한번은 신부님과 함께 전시회에 갔는데, 참 즐거워하던 모습이 아직도 눈에 선합니다. 많은 대화들을 주고받으며 영성적인 나눔의 기회도 있었습니다. 이런 아모르트 신부님을 구마 사제로서만 논하기에는 부족하다 생각합니다.

신부님은 당신의 직무를 사랑하는 성직자였습니다. 나는 신부님의 인간미에 푹 빠졌습니다. 아모르트 신부님이 지닌 인간미의 비결은 성모님을 향한 큰 사랑과 교회를 향한 충직함에 있었습니다. 나는 아모르트 신부님이 세계에서 가장 유명하고 위대한 구마 사제가 된 비결은 인간미 덕분이라고 생각합니다.

나는 아모르트 신부님에게서 축복 때의 동작이나 이마를 두드리는 동작 등 몇 가지 동작들을 배웠습니다. 이는 악마와 싸우는 가장 힘든 순간에도 예수님을 따르겠다는 신호입니다. 또한 신부님은 구마 사제의 활동이 무언가 쉬쉬해야 하는 어두침침한 것으로 보이지 않도록 가르쳤습니다. 신부님은 구마 예식을 특별한 교리 교육이라 여겼기 때문에, 모든 이들에게 문을 열어 놓았습니다. 확실한 부마 사례인 경우에는 비신자들도 참관할 수 있도록 했지요.

아모르트 신부님에게 구마 예식을 배우면서 나는 수많은 경험을 할 수 있었습니다. 보통은 부마된 사람이 트랜스 상태에 빠지면 악마는 어쩔 수 없이 모습을 드러냅니다. 그리고 광기 어린 반응을 보이지요. 구마 예식을 처음 목격했을 때 이렇게 울고 소리 지르고 욕설을 내뱉는 광경은 참으로 충격적이었습니다. 아모르트 신부님과 함께한 구마 경험 가운데 언제가 가장 특별했냐고 묻는 사람들이 있습니다. 내가 겪은 가장 특이한 경우는 바로 말이 없는 악령이었습니다.

한 젊은 로마 여성이 말 없는 악령에게 빙의되었다. 아모르트 신부님과 나는 여성을 끈으로 단단히 고정시켜 완전히 움직일 수 없도록 했다. 이전에 부마된 사람 가운데 한 명이 저주를 퍼부으며 아모르트 신부님의 팔을 부러뜨리려 했던 일이 있었기 때문에 우리는 사고를 막기 위해 구마 예식을 시작하기 전에 그렇게 하고는 했다. 이는 일종의 예방 조치였다.

구마 예식을 행하는 동안 들리는 소리는 악령을 쫓는 아모르트 신부님의 목소리뿐이었다. 그래서 우리는 구마 예식이 잘 진행되고 있는지 확인하기 위해 부마된 사람의 눈꺼풀을 들어 살펴보아야 했다. 분명 그는 이미 트랜스 상태였고 대신 부마된 사람의 몸에는 악령이 들어와 있었다. 그러나 악령은 눈에 보이는 방식으로 자신을 드러내지 않았다. 말없이 부마된 사람의 몸에 들어왔다 나갔다를 계속 반복할 뿐이었다. 아모르트 신부님은 구마 예식을 마친 후 나에게 말했다.

"나는 수년 동안 악마를 쫓아왔다네. 하지만 그런 나도 더욱더 단식하고 더욱더 기도해야 하지."

# 주교나 교황!

*Professione Esorcista*

 

로마의 산타 아나스타시아 성당은 거짓을 말하는 자를 가려내 손을 잘라 버린다는 전설로 유명한 얼굴 형상의 대리석 조각인 '진실의 입' 근처에 있습니다. 바로크 양식으로 된 산타 아나스타시아 성당이 건립된 것은 4세기 초입니다. 이 성당은 예로니모 성인이 강론을 했던 곳으로 추정됩니다. 또한 2000년 세계 청년 대회 행사 때에는 이 성당에 아주 큰 제의방이 차려졌다고 합니다. 전차 경기장인 치르코 마시모에서 열리는 축전에서 수많은 신자들이 모실 70만개의 성체를 보관하기 위한 것이었습니다.

성당으로 가는 길을 찾으면서 나는 위키피디아에 나오는 정보를 읽었습니다. 매우 존경받는 구마 사제이자 교황청립 사도들의 모후 대학에서 강의를 맡기도 했던 프란체스코 바몬테 신부님이 불러서 가는 길이었지요. 신부님은 내게 도움을 구하고 있었습니다. 바몬테 신부님에게 악마 때문에 고통받는 비운의 한 프랑스 남성이 찾아왔던 것입니다. 그런데 그는 모국어인 프랑스어와 영어만 할 줄 알았지 이탈리아어는 할 줄 몰랐습니다. 그래서 그의 말을 통역해 줄 사람이 필요했습니다. 구마 사제는 악마의 희생자라 생각되는 이와 반드시 면담을 해야 합니다. 우선 그가 정말로 부마 현상을 겪고 있는지 확인해야 하기 때문이고, 그다음은 몇 가지 질문을 통해 악마가 스스로를 드러내도록 만들어야 하기 때문입니다.

찰스 씨는 40세 정도에 190센티미터의 큰 키와 우람한 근육을 지닌 남성이었지요. 귀족 가문 출신이었으며, 아들이 한 명 있는 기혼자였습니다. 바몬테 신부님의 설명에 따르면 찰스 씨는 프랑스 중부에 있는 디종에 피정을 다녀오기 전까지는 아주 평범한 삶을 살았다고 합니다.

어느 날 아침, 그는 갑자기 실신 상태에 빠졌습니다. 찰스씨는 당시의 순간을 기억하지 못했지만, 함께 있던 친구가 놀라서 무슨 일이냐며 다가가자, 있는 힘껏 친구의 멱살을 잡더니 멀리까지 내동댕이쳤다 합니다. 그런 다음부터는 정신과 의사와 영적 지도 신부님의 도움을 번갈아 받는 일상이 시작되었습니다. 신부님이 곁에 없으면 의식을 잃어버린 채 통제할 수 없는 행동을 하는 알 수 없는 현상에 그는 나날이 시달리고 있었습니다.

찰스 씨는 초반의 기도 이후 바로 트랜스 상태에 빠졌다. 그러면 이제 바몬테 신부님이 악마에게 이름을 물을 차례다. 바몬테 신부님은 악마가 스스로를 드러내게 하려 했다. 구마 예식은 특정 목적을 위해 악마의 이름을 묻는다고 규정하고 있다. 어떤 사물에 이름을 붙이거나 이름을 알아내는 것은 그 사물에 힘을 행사함을 의미하기 때문이다. 사실, 창세기에서 하느님은 아담에게 사물의 이름을 지으라는 임무와 권한을 주시기도 했다. 악마가 자신의 이름을 밝히면 그때부터 악마는 눈에 띄게 힘을 잃기 시작한다. 그러나 악마가 자신의 이름을 말하지 않는다면 그것은 부마된 사람을 점령한 악마의 힘이 아직 강하다는 것을 의미한다.

"네 이름이 무엇이냐?"

바몬테 신부님은 저항하는 악령을 추궁했다.

악마는 그리스도의 이름으로 내리는 명령을 거역할 수 없다. 기껏해야 질질 끌거나 속이려 할 수 있을 뿐이다.

"렉스, 나는 렉스다."

그 목소리는 사뭇 도전적이었다. 그 순간 나는 그들이 있는 곳을 교만함과 오만함이 가득한 기운이 에워싸는 느낌을 받았다. 연기와 안개, 희박해진 공기. 나는 교만함과 오만함을 마치 물리적으로 만질 수 있을 것 같았다. 칼로 자르면 자를 수 있을 것 같았던 것이다.

"네 이름을 말하여라. 그런 이름의 악마는 없어!"

바몬테 신부님은 다시 명했다. 그러나 악마는 이에 상관하지 않고 거들먹거렸다.

"나로 말할 것 같으면 이 세상의 우두머리지."

나는 온몸에 소름이 돋는 것을 느꼈다. 그러나 바몬테 신부님은 그런 느낌에도 굴하지 않고 다시 물었다.

"네 이름이 무엇이냐?"

그러자 찰스 씨의 표정이 변했다. 더 참지 못하겠다

는 표정이었다.

"사탄."

드디어 악마가 이름을 밝혔다. 악마가 이름을 밝히자 두려움이 가시는 것을 느꼈다. 대신 악마에 관하여 복음서에 기록된 모든 것이 사실이라는 생각이 들었다. 또 이 세상의 우두머리인 사탄이 있는 것이 사실이니, 나머지 모든 것도 사실이라는 생각이 들었다. 예수님은 사실이었다. 그분이 우리를 위해 목숨을 바치셨다는 것은 사실이었다. 구세주는 사실이었다.

찰스 씨의 이야기는 끔찍합니다. 상상할 수 있는 것 이상이었습니다. 찰스 씨가 어머니의 뱃속에 있었을 때, 그의 부모님은 찰스 씨와 찰스 씨의 쌍둥이 형제를 사탄에게 바쳤습니다. 그러자 찰스 씨의 쌍둥이 형제는 유산되었습니다. 하지만 찰스 씨는 멀쩡하게 살아남았습니다. 찰스 씨네 귀족 가문은 사실 사탄교를 숭배했습니다. 순진했던 아이들은 부와 권력을 얻을 수 있을 거라는 생각에 이런 운명을 받아들였습니다. 어린 찰스 씨는 다양한 종교 의식에 참여했고, 악마에게 희생

제물로 바쳐진 동물의 고기를 먹었습니다.

찰스 씨는 어둠의 왕자와 그를 따라다니며 시중을 드는 몸종 같은 두 명의 하인들을 본 적이 있다고 합니다. 그는 그 모습을 보았을 때 이런 생각을 했다고 합니다.

'저들과 아무 상관없는 사람이 되고 싶다!'

그런데 마치 이걸 듣기라도 한 듯, 그 존재들은 날쌔게 찰스 씨에게 달려들어 그를 마구 때리기 시작했다고 합니다.

찰스 씨는 구마 예식을 여러 번 받았습니다. 그는 구마 예식 동안 들었던 느낌을 이렇게 말했습니다.

"제 안에서 아주 끔찍한 싸움이 벌어지고 있는 것 같았습니다. 제 몸이 전쟁터가 된 것 같았어요. 저는 악마가 서로 말하는 소리와, 절망 속에 저주하고 비명을 지르고 내달리는 소리를 들었습니다. 신부님이 기도를 할 때, 하느님의 빛이 제 안에 들어와 그들을 다 휩쓸어 가셨습니다. 하지만 악마들은 다시 돌아왔고 다시 어둠이 드리워졌습니다."

바몬테 신부님도 이렇게 말을 했습니다.

"찰스 씨는 정말로 어려운 사례입니다."

부마는 쉽게 증명되지 않습니다. 그러나 찰스 씨의 경우에는 너무나 명확했습니다.

> 구마 예식 동안 악마는 구마 사제를 조롱했다. 다른 사람이 알아듣지 못하는 언어로 숨길 필요도 없다는 듯 이탈리아어로 말했다.
> "너는 나에게 아무것도 할 수 없어."
> 그러자 바몬테 신부님은 악마에게 물었다.
> "그럼 누가 할 수 있지?"
> 악마는 답했습니다.
> "주교나 교황!"

우리는 이에 대해 아모르트 신부님과 이야기를 나눴습니다. 아모르트 신부님은 이렇게 말했습니다.

"그것은 신부님을 겁먹게 하려는 거짓말입니다. 구마 사제는 늘 주교의 이름으로 말하니까요."

굉장히 심각한 사례였던 만큼 우리는 찰스 씨에게 베네딕토 16세 교황님에게 편지를 써 보라고 권유했습니다. 그가 편지를 써 오자 나는 그 편지를 당시 교황청 국무원에서 일하던 한 형제에게 전달했습니다. 1주일 후, 교황 성하의 비서가 서명한 답신이 왔습니다. 교황님이 본 사건에 대해 개인적으로 주목하고 있으며, 찰스 씨가 해방될 수 있도록 그를 위해 기도와 미사 지향을 드리겠다고 했다는 내용이었습니다.

교황님에게 편지를 받은 지 얼마 되지 않아 구마 예식 도중에 찰스 씨는 크게 소리를 지르며 말했습니다.

"자유로운 기분, 기쁜 마음이 듭니다. 전 더 이상 억압되어 있지 않아요!"

그가 비로소 악마에게서 벗어난 것입니다. 나는 찰스 씨에게 교황님이 보낸 편지에 대해 설명했고, 찰스 씨는 이에 감사해하며 이렇게 말했습니다.

"복사해서 저도 한 부 갖고 싶습니다."

그동안 공허하게만 느껴지는 수많은 노력을 해야 했습니다. 하지만 해방되는 것은 금방이었지요. 그가 악마에게서 벗어난 것을 설명할 방도는 한 가지뿐입니다. 바로 사탄을 굴복할 수밖에 없게 만든 교황님의 강력한 기도였지요. 찰스 씨는 여전히 자유의 몸입니다. 이제는 어떤 악마도 그를 괴롭히지 않습니다.

## 안녕은 하신가?

*Professione Esorcista*

아모르트 신부님은 같은 질문을 수십 번씩 받았다고 합니다. 사람들과 사적인 대화를 할 때나 인터뷰를 할 때 특히 그렇지요. 나도 마찬가지입니다. 결국 이런 질문을 받지요.

"신부님, 무서웠던 적 없으세요?"

"네."

짧은 대답이지만 진심입니다. 처음 몇 번은 구마 예식 중에 일어나는 몇 가지 현상들 때문에 크게 놀랐습니다. 이는 부정할 수 없는 사실입니다. 특히 부마된 사람이 여성인 경우, 평범했던 목소리가 어둡고 적대적인 목소리로 변하는 걸 들으면 참으로 충격적입니다. 조금 전까지만 해도 조용하고 침착하게 대답하던 사람이 갑자기 욕설과 저주를 퍼부으며 구마 사제를 공격할 때에도 마찬가지입니다. 처음에는 이 모든 것이 혼란스러웠던 것이 사실입니다.

한번은 친구인 미켈레 안젤로Michele Angelo 신부가 자신도 아모르트 신부님의 구마 예식에 참여하고 싶다고 내게 말했다. 아모르트 신부님은 단순한 호기심 때문에 관심을 갖는 경우가 아니라면 사람들이 구마 예식에 동참하는 것을 반대하지 않았다. 그래서 안젤로 신부는 나와 함께 아모르트 신부님의 구마 예식을 참관할 수 있었다.

구마 예식이 시작되자 부마된 사람은 곧 트랜스 상태에 빠졌다. 그러자 아모르트 신부님은 안젤로 신부에게 부마된 사람이 움직이지 않게 붙잡아 달라고 했다. 안젤로 신부는 당연히 조금 긴장한 상태였다. 그는 여유롭게 보이려고 노력했지만, 긴장한 모습을 얼굴에서 숨길 수 없었다.

잠시 후 부마된 사람은 다시 눈을 떴다. 그는 자신을 붙잡고 있는 안젤로 신부를 빤히 쳐다보았다. 눈을 부라리는 그의 모습은 정말로 '이 세상의 것'이 아니었다. 부마된 사람의 눈에는 흰자는 보이지 않고 검은자만 보였다. 그는 안젤로 신부를 부릅뜬 눈으로 바라보며 인간의 것이라 할 수 없는 목소리로 이렇게 말했다.

"안녕은 하신가?"

부마된 사람을 잡고 있던 안젤로 신부의 얼굴이 백지장처럼 하얗게 질렸다. 마치 온몸의 모든 피가 얼어붙은 듯했다.

안젤로 신부님은 그 상황을 잘 버텨 내었습니다. 그러나 한동안 그날 겪은 일을 잊지 못했지요. 요즘도 나는 그를 만나면 농담 삼아 이렇게 인사합니다.

"안녕은 하신가?"

너무 심각하다 생각되는 사건을 대수롭지 않게 여기려 할 때 내가 사용하는 방식이지요.

나는 구마 예식이 두려울 수 있다는 것을 이해합니다. 그 두려움이 사람들에게 어떤 영향을 주는지도 잘 알고 있습니다. 한번은 저녁 식사 자리에서 구마에 대해 말하고 있었는데, 다른 손님들이 무서우니 이야기를 멈춰 달라고 한 적이 있습니다. 구마 예식에 참여해 도와달라고 불렀던 사람들 가운데는, 한 번 참여해 보더니 자신은 더 이상 못하겠다고 한 사람들도 많습니다. 다시는 이런 것과 엮이고 싶지 않다고요.

나는 악마에 대한 올바른 교육이 늘어나 왜곡이 줄어들어야 한다고 생각합니다. 악마는 계속 존재해 왔으며 교회는 늘 악마와 싸워 왔습니다. 이 사실은 신앙의 진리입니다. 구마 예식은 악마가 표적으로 삼은 사람을 더 이상 괴롭히지 못하도록 그리스도의 이름으로 명하는 기도입니다. 구마 예식이 아니더라도 그리스도인이라면 누구나 하느님께 우리를 보호하시어 악에서 구해 달라고 청할 수 있습니다. 일찍이 주님이 주님의 기도를 통해 우리에게 가르쳐 주신 바와 같이 말입니다. 그리고 우리는 악마에 대해 철저하게 대비해야 합니다.

그리고 나는 구마 예식의 모습이 왜곡되지 않아야 한다고 생각합니다. 우선 미디어는 그 특성상 구마 예식의 가장 자극적이고 눈요깃거리가 될 만한 측면만을 부각시키는 경향이 있습니다. 또한 모든 현상을 사탄과 악마 때문이라고 주장하는 사람 때문에 왜곡될 수도 있습니다. 그러나 나는 아모르트 신부님, 드미네 신부님, 바몬테 신부님과 함께하며 배운 것이 있습니다. 악마와 싸우는 일은 끔찍하고 심각하지만 이것이 교회 생활의 전부가 아니며 구마 사제의 삶 전체도 아니라는 점입니다.

나는 내 자신을 하느님의 도구라고 생각합니다. 그렇기 때문에 구마 사제로 활동하는 것이 두렵지 않습니다. 구약 성경의 다윗 임금과 마찬가지로, 나는 주님의 전쟁을 수행하고 있으며 구마 예식을 할 때마다 주님께 축복과 보호를 받고 있습니다.

악마가 어디에나 있다는 것은 사실이 아닙니다. 나는 정식으로 구마 사제가 된 후 이제까지 대체로 매주 하나씩 새로운 의뢰를 받았습니다. 이 가운데서 진짜 악마에게 사로잡히거나 괴롭힘 당하는 경우는 거의 없었습니다. 많은 사람들이 몸과 마음에 있는 다른 문제로 나를 찾아온 것이지요.

사실 내가 두려워하는 부분은 전혀 다른 부분입니다. 그것은 바로 구마 기간을 예측할 수 없다는 점입니다. 모든 축복은 해방의 길을 마련해 주지만, 시간이 필요합니다. 정말 오랜 시간이 들지요! 구마 예식이 효과를 보는 데 일반적으로 몇 년씩이 걸립니다. 고통 속에서 나에게 도움을 청한 사람을 즉시 안심시켜 줄 수 없다는 것은 내 믿음에 큰 시련이 됩니다.

구마 사제들은 이렇게 도움을 청한 이들의 고통을 없애 주고 싶은 마음이 절실합니다. 그러나 그럴 수 없는 경우도 많습니다. 아모르트 신부님 역시 자신을 '치유'해 달라고 찾아온 사람들을 모두 해방시켜 주지 못했습니다. 나는 내가 충분히 겸손하고 현명하지 못할까 봐, 내가 주님의 도구에 지나지 않는다는 확신을 잃어버릴까 봐 두렵습니다. 내가 얼마나 온 힘을 다했는지와 상관없이, 악마를 물리치는 분은 '주님'이시니까요.

구마 사제인 우리는 우리가 충분히 강하지 않을까 봐 두려워하기도 합니다. 고통은 나아질 기미를 보이지 않고, 그래서 때로는 선과 악이 결국 동등하지 않느냐고 묻는 아무런 잘못 없는 사람들을 가까이서 지켜보는 것 역시 큰 시련입니다.

그럼에도 나는 예수님이 사탄을 물리치셨다는 것을 분명히 알고 있습니다. 예수님은 성경에 나오는 '강한 자'를 이기신 '가장 강하신 분'이십니다. 승리하신 예수님과 함께 우리 또한 승리했습니다. 그러니 사제이자 그리스도인으로서 늘 그리스도 안에 뿌리를 두려 부단히 노력해야 합니다. 이러한 확신이 있다면, 아무리 생명을 마비시키고 빛과 기쁨을 없애 버리는 악마라 해도 두렵지 않습니다.

악이 존재한다는 것과 그것을 확인하는 일은 절망의 동기가 될 수 없습니다. 도전이 될 수는 있어도 말입니다. 악마는 이미 패배했으며, 악마의 힘은 한계가 있다는 것을 우리는 이미 알고 있습니다. 우리가 절망에 빠지도록 이 대형 사기꾼은 우리를 유혹합니다. 그러니 이 사기꾼을 경계하고 대항해야 합니다.

"정신을 차리고 깨어 있도록 하십시오. 여러분의 적대자 악마가 으르렁거리는 사자처럼 누구를 삼킬까 하고 찾아 돌아다닙니다."

(1베드 5,8)

# 2

## 구마란 어떤 것인가?

# 타락한 천사, 사탄

*Professione Esorcista*

"나는 세상의 우두머리다."

찰스 씨에게 구마 예식을 행했을 때 사탄이 거만하게 내뱉은 교만한 말을 잊을 수 없습니다. 루치펠이 천국에서 추방된 이유도 바로 그 교만함과 자만심 때문이었습니다. 전해지는 바에 따르면 루치펠은 첫 번째로 반역한 천사였지요. 루치펠이라는 이름은 '아침의 별'을 뜻하는데, 이는 천사들의 계급 내에서 그 누구보다 특별한 특권을 나타내는 칭호입니다.

교부들에 따르면, 태초에 하느님은 천사들에게 인간이 되신 예수님을 경배하라 말씀하셨다고 합니다. 그러나 천사로서 인간보다 우월하다고 생각한 루치펠은, 하느님의 아들일지라도 인간 앞에 무릎을 꿇는다는 것을 스스로 용인할 수 없었다고 합니다. 그래서 그는 창조주께 순명하지 않았습니다. 이렇게 하여 루치펠은 천사 계급의 정상에서 지옥으로 급격히 추락해 버립니다.

또 다른 해석에 의하면, 일부 천사들이 흙의 먼지로 만들어진 인간이 하느님의 모상으로 창조된다는 것을 부조리하게 여겼다고 합니다. 그래서 그들은 하느님께 순명하지 않았고 지옥으로 추락했다고 합니다.

페르시아와 바빌론의 임금 키루스의 추락이 언급되어 있는 이사야 예언서의 한 대목에서는, 대륙을 지배했던 오만한 군주 키루스를 스스로를 "빛나는 별, 여명의 아들"이라 생각했던 루치펠과 비교합니다. 이 대목에서는 하느님 아버지처럼 되고 싶어 하는 반역자의 생각이 감탄스러울 정도로 잘 묘사되어 있지요.


"너는 네 마음속으로 생각했었지. '나는 하늘로 오르리라. 하느님의 별들 위로 나의 왕좌를 세우고 북녘 끝 신들의 모임이 있는 산 위에 좌정하리라. 나는 구름 꼭대기로 올라가서 지극히 높으신 분과 같아져야지.' 그런데 너는 저승으로, 구렁의 맨 밑바닥으로 떨

어졌구나!"(이사 14,13-15)

루치펠이 일으킨 반란으로 죄를 짓는 문이 열렸고, 하늘에서는 천사들 간의 끔찍한 전쟁이 일어났습니다. 이 순수한 영들은 오로지 지성과 의지로 부딪혀 싸웠습니다. 요한 묵시록에는 이렇게 쓰여 있습니다.

"그때에 하늘에서 전쟁이 벌어졌습니다. 미카엘과 그의 천사들이 용과 싸운 것입니다. 용과 그의 부하들도 맞서 싸웠지만 당해 내지 못하여, 하늘에는 더 이상 그들을 위한 자리가 없었습니다. 그리하여 그 큰 용, 그 옛날의 뱀, 악마라고도 하고 사탄이라고도 하는 자, 온 세계를 속이던 그자가 떨어졌습니다. 그가 땅으로 떨어졌습니다. 그의 부하들도 그와 함께 떨어졌습니다."(묵시 12,7-9)

교회의 가르침은 이 두 가지 해석 가운데 어느 것이 옳다고 확정하지 않습니다. 그러나 천사들이 일으킨 반란이 그들 중 일부가 저지른 교만함의 죄에서 비롯된 것이며, 이로써 신성한 현존에서 멀어졌다는 점만은 반복해서 확인해 줍니다.

전능하신 하느님은 천사를 선한 존재로 창조하셨습니다. 천사는 '자유'라는 선물을 지니고 있었기에 '선택'을 할 수 있었습니다. 천사는 순명과 사랑에 대한 시험을 받았습니다. 우주의 모든 피조물은 어느 순간 하나의 선택을 해야 합니다. 하느님과 함께할 것이냐, 자기 자신을 선택할 것이냐 하는 선택입니다. 루치펠이 후자를 택했을 때, 그는 '적대자'가 되었습니다. '적대자'는 히브리어 명사 '사탄'을 뜻합니다. 천사였던 루치펠은 '악마'가 되는데, '악마'는 '가르다', 즉 '나누다'를 의미하는 그리스어 '디아블로diaballo'에서 나온 말입니다.

성경은 악마를 다양하게 정의합니다. '거짓의 아비', '처음부터 살인자', '세상의 우두머리', '그리스도의 적대자', '유혹자', '악', '고대의 뱀', '짐승' 등으로 불렀지요. 그리고 히브리인들은 악마를 '베엘제불Belzebul'이라고도 불렀습니다. 이는 '파리 대왕'이라는 뜻입니다.

그 이름이 무엇이든 간에, 악마는 그리스도의 구원을 통해 성부와 함께 영광 속에 머물 인간과 하느님의 '적'입니다. 요한 묵시록에 기록된 것과 같이, '고발'과 '속임수'가 악마들의 주된 무기이자 중요한 특징입니다. 이는 선조인 아담과 하와

때부터 시작되었고(창세 3,1-7 참조) 멈춘 적이 없습니다.

사탄은 악마가 된 타락 천사들과 함께 하늘나라에서 추방당했습니다. 그리고 이들이 바로 우상 숭배, 마술, 주술, 오컬트를 통해 작동하는 세력입니다. 구약 성경과 신약 성경에서는 이들을 여러 번 언급합니다. 성경은 사람들을 하느님에게서 멀어지도록 하려는 마귀의 함정을 조심하라고 경고합니다. 요한 묵시록에는 다음과 같이 나와 있습니다.

"이 재앙으로 죽임을 당하지 않은 나머지 사람들도 저희 손으로 만든 작품들을 단념하지 않았습니다. 오히려 마귀들을 숭배하고, 또 보지도 듣지도 걸어 다니지도 못하는, 금이나 은이나 구리나 돌이나 나무로 만든 우상들을 숭배하기를 그치지 않았습니다. 그들은 또한 자기들이 저지른 살인과 마술과 불륜과 도둑질을 회개하지도 않았습니다."(묵시 9,20-21)

바오로 사도는 신자들로 하여금 악의 세력과 전쟁하기 위해 '빛의 무기'로 무장하라 하셨습니다.

"악마의 간계에 맞설 수 있도록 하느님의 무기로 완전히 무장하십시오. 우리의 전투 상대는 인간이 아니라, 권세와 권력들과 이 어두운 세계의 지배자들과 하늘에 있는 악령들입니다. 그러므로 악한 날에 그들에게 대항할 수 있도록, 그리고 모든 채비를 마치고서 그들에게 맞설 수 있도록, 하느님의 무기로 완전한 무장을 갖추십시오. 그리하여 진리로 허리에 띠를 두르고 의로움의 갑옷을 입고 굳건히 서십시오. 발에는 평화의 복음을 위한 준비의 신을 신으십시오. 무엇보다도 믿음의 방패를 잡으십시오. 여러분은 악한 자가 쏘는 불화살을 그 방패로 막아서 끌 수 있을 것입니다. 그리고 구원의 투구를 받아 쓰고 성령의 칼을 받아 쥐십시오. 성령의 칼은 하느님의 말씀입니다."(에페 6,11-17)

사탄에게 유혹과 속임수를 허락하신 하느님 아버지를 믿어야 합니다. 그러나 사탄이 욥을 시험하기를 원했을 때 하느님이 어느 한계 내에서만 이를 용인하셨던 것처럼(욥 1,12 참조), 사탄은 인간의 의지를 함부로 할 수 없습니다.

창세기부터 요한 묵시록까지 성경에는 창조주가 인간이 고통받길 원하지 않으신다고 나와 있습니다. 그래서 그분은 인간에게 구원을 가져다주기 위해 예수님을 보내셨습니다. 여러 복음 구절을 통해 증언된 것처럼 그리스도는 악마에 대한 그분의 권능을 드러내 보이셨으며 사도들에게 그 권능을 전해 주셨습니다. 사탄은 그리스도를 마음대로 할 수 없습니다.

하느님은 악령도, 악한 것도 창조하지 않으셨습니다. 그러나 하느님이 주신 자유라는 선물로 그분께 대항하는 타락한 천사들이 나타났습니다. 스스로 악해지는 것을 선택한 것입니다. 그리고 그들은 하느님이 자신들에게 부여해 주셨던 힘을 이제 사탄과 악마의 힘으로 사용하고 있습니다. 그 힘을 악마의 숭배자들 편에서 하느님에게 맞서는 힘으로 사용하고 있는 것입니다.

그래서 교회는 신자들에게 악과 싸워야 할 필요성을 끊임없이 상기시키고 있습니다. 요한 복음사가의 말씀에 따르면 그리스도인들은 '세상에 있지만 세상에 속하지 않은 사람들' (요한 17,16 참조)입니다.

성경 전체를 통틀어 보아도, 선과 악의 힘은 절대 동등하지 않습니다. 선과 악의 힘이 같다고 본다면 마니교에 빠진 것이지요. 이원론적 교단인 마니교는 빛과 어둠이라는 두 독

립적인 근원이 서로 대립·공존하며 서로를 필요로 한다고 주장합니다. 또한 사탄이 하느님과 동일한 본질을 지녔다고 봅니다. 그러나 이는 절대 불가능합니다.

아모르트 신부님은 악에 대해 너무 많이 말하는 것은 분명 좋지 않다고 말합니다. 그러나 그에 대해 아예 논하지 않는 것이 더 나쁘다고 말합니다. 악마를 무시한다면, 베드로의 첫째 서간(1베드 5,8 참조)에 나오는 것처럼 악마에게 '삼켜질' 위험에 처하게 되기 때문입니다. 악마는 유혹과 거짓을 이용해 자신을 숨깁니다. 자신의 정체를 밝히고 싶어 하지 않지요. 그래서 프랑스의 시인인 샤를 보들레르는 다음과 같이 기술했습니다.

"악마의 교활함 가운데 가장 훌륭한 부분은 바로 우리에게 악마는 존재하지 않는다고 믿게 하는 점입니다."

이는 프란치스코 교황님이 우리에게 수시로 언급하는 부분입니다.

## 악마는 존재한다

*Professione Esorcista*

교황좌에 올랐을 때부터 줄곧 프란치스코 교황님은 악마의 행실에 대해 경고합니다. 교황이 된 지 24시간도 안 되어 시스티나 성당에서 콘클라베에 속한 추기경들과 함께 '교회를 위한 미사'를 드렸을 때 다음과 같이 말했지요.

"우리가 예수님을 그리스도라고 고백하지 않는다면, 마귀의 세상, 악마의 세상을 고백하는 것과 다를 바 없습니다."

프란치스코 교황님이 이 말을 했을 때 많은 사람들은 왜 교황님이 하필 악마에 대해 말한 것인지 궁금해했습니다. 그러나 프란치스코 교황님이 라틴 아메리카 출신이라는 점을 생각하면 이상할 게 없습니다. 라틴 아메리카에서는 악마에 관해 자주 이야기합니다. 연옥 영혼을 위한 기도를 드리듯 가족들끼리 자연스럽게 악마에 대해 이야기하고는 합니다. 그곳에서는 연옥 영혼을 위한 추모 또한 이탈리아보다 훨씬 활발합니다. 그곳 사람들은 그들을 위해 위령 기도를 자주 바치지요.

프란치스코 교황님은 교황으로 즉위한 뒤 1년 동안 수백 번이나 악마에 대해 언급했습니다. 교황청 신문인 〈로세르바토레 로마노 L'Osservatore Romano〉는 신학자인 이노스 비피Inos Biffi 신부님의 기사를 통해 교황님이 한 말은 '성경 내용'에서 인용된 것임을 설명했습니다. 성경에는 악마에 대한 교리가 모두 담겨 있지요. 프란치스코 교황님은 악마에 대해 비유법을 사용하거나 축소시켜 말하지 않습니다. 그분은 호기심에 치중하지 않으며 악마를 실제 인격체로 봅니다.

2013년 10월 11일에는 강론 가운데 이렇게 말하기도 했습니다.

"악마의 존재는 성경의 맨 첫 페이지에 나와 있습니다. 그리고 성경은 마지막까지도 하느님이 악마에게 승리하셨음을 선포합니다. …… (예수님이 악마를 쫓아내는) 복음 구절을 읽으면서 일부 성직자들은 이렇게 말하기도 합니다. '그러나 예수님은 정신 질환에 걸린 이를 치유해 주셨던 것입니다.' …… 물론 그 당시 간질과 마귀들림을 혼동했을 수도 있습니다. 하지만 악마가 정말 존재했다는 것도 사실이지요! 우리는 단순히 '이 일들은 모두 마귀가 들렸던 게 아니라 정신 질환이었습니다.'라는 식으로 말할 수 없습니다."

악마는 존재합니다. 프란치스코 교황님은 이를 부인할 수 없는 '진실'이라고 말합니다. 성녀 마르타의 집에서 바티칸 근위병들과 함께한 미사에서, 교황님은 악마의 존재를 다시 한 번 강조했습니다.

"어떤 이들은 악마가 하나의 관념이라고 말하는데, 저는 그것들이 관념이라고 생각하지 않습니다."

악마라는 주제는 교황님이 재위 기간 동안 가장 전략적이고 지속적이며 일상적으로 가르치고 있는 주제입니다. 어느 날 아침에는 이렇게 말하기도 했습니다.

"악마는 신화가 아닙니다. 악마는 존재하고 우리는 악마와 싸워야 합니다. 하지만 우리는 이에 대해 확신이 없어 합니다."

교황님은 악마에 대해 자주 다룹니다. 성경과 신학을 매우 정확하게 인용하며, 이를 반복해서 말하고 있습니다.

시스티나 성당에서 추기경들과 드린 즉위 후 첫 번째 미사에서 교황님은 프랑스 출신 작가인 레옹 블루아Léon Bloy의 말을 인용했습니다. 이전에 예수회 잡지 〈치빌타 가톨리카Civiltà Cattolica〉가 '참을성 없고, 가끔 열정적이며, 늘 극단주의자'라고 강하게 비판했던 작가지요. 교황님이 인용한 말은 이것입니다.

"주님께 기도하지 않는 자는 마귀에게 기도하는 것이다."

누군가에게는 폭탄 발언으로 보일 수도 있지만, 프란치스코 교황님은 이 말이 두말할 것 없는 명백한 사실이라고 생각합니다. 그로부터 며칠 뒤, 즉위한 후 처음 맞는 주님 성지 주일에도 프란치스코 교황님은 다시 악마에 대해 언급했습니다.

"예수님과 함께라면 우리는 혼자가 아닙니다. 삶의 길에서 만나는 장애물과 문제들을 극복할 수 없어 보일지라도 그렇습니다. 그런데 적은 그러한 순간에도 다가옵니다. 악마가 옵니다."

악마는 위험합니다. 미스터리 방송이 아니라 실재하는 현실이지요. 교황님이 아침 미사 중에 경고한 것처럼, 악마는 '모든 박해의 근원'입니다. 우리를 유혹에 들게 하는 악마를 상대해 주거나 그와 '대화'해서는 안 됩니다. 그렇게 한다면 창세기에서 아담과 하와에게 일어났던 것처럼 '발가벗은' 채 끝날 것입니다. 교황님은 사람들에게 다음과 같이 설명합니다. 악마는 '하느님을 경외하는 것'을 우습게 여기는 사람이 있으면 그 사람의 온갖 상황에 관여하여 그를 소유할 기회를 노린다고요.

교황님은 또한 이스라엘에 좀처럼 완전한 평화가 오지 않는 것은 '악마가 수단과 방법을 가리지 않고 평화가 이뤄지는 것을 막아 내기 때문'이라고 말합니다. 그리고 악마는 가족이라는 개념을 좋아하지 않는다고도 말하지요. 정확히는 파괴시켜 버리고 싶어 한다고요. 교황님은 이러한 악마의 의도에 대해 엄격하게 말합니다. 악마는 우리가 가족을 신화나 이상으로 생각하도록 이끈다고 말입니다. 그들은 우리가 앞으로의 시대에 가족을 귀찮은 존재로 여기게 하려 합니다. 교황님은 이것은 잘못된 생각이라고 단호하게 말합니다. 그리고 우리에게 이러한 악마와 싸워야 한다고 조언합니다.

프란치스코 교황님은 바오로 6세 교황님과 같은 논리를 제시합니다. 바오로 사도의 에페소 신자들에게 보낸 서간을 인용하며 우리가 '하느님의 무기'를 갖출 필요가 있다고 말합니다.

"이는 제가 하는 말이 아니라, 성경의 말씀입니다. 그러나 우리는 확신하지 못하지요."

주님이 우리에게 주시는 갑옷은 진실의 갑옷일 뿐 아니라 정의의 갑옷입니다.

"계속해서 의인이 되기 위해 노력하지 않는다면 그리스도인일 수 없습니다."

한번은 악마와 정신 질환을 혼동해서는 안 된다고 설명했습니다. 이는 구마 사제들에게 큰 도움이 되는 언급이었습니다. 프란치스코 교황님의 강론에서 우리는 악이라는 주요 주제를 확인할 수 있습니다. 즉 교황님이 꾸준히 그에 관해 일종의 경고를 했다는 것을 알 수 있습니다. 그러한 교황님의 말을 모으면 책 한 권이 될 수 있을 것입니다. 교황님은 강경하면서도 타협하지 않는 목소리로 악마의 교활함을 폭로합니다.

"악마의 간계는 이렇습니다. '그리스도인으로서 믿음의 길을 걸어가는 동안 난 당신을 내버려 두고 건드리지 않지. 그러나 당신이 느슨히 경계를 풀고 방심할 때, 그때 내가 돌아올 거야.' 그래서 베드로 사도는 이렇게 말씀하셨습니다. '여러분의 적대자 악마가 으르렁거리는 사자처럼 누구를 삼킬까 하고 찾아 돌아다닙니다.'(1베드 5,8)"

교황님은 또 이렇게도 말했습니다. 이는 필리핀 마닐라에서 미사를 집전하며 한 강론입니다.

"종종 악마는 현대인들이나 다른 사람들처럼 세련된 모습을 하고는 그 뒤에 자신의 간계를 숨기고 있습니다. 악마는 일시적 쾌락과 피상적인 과거의 신기루로 우리를 교란시킵니다. 이렇게 해서 우리는 쓸데없는 장치들을 가지고 노느라 하느님이 주신 은총을 낭비합니다. 도박과 술에 돈을 탕진합니다. 우리는 우리 자신에게 틀어박힙니다. 우리는 진짜로 중요한 것들의 중심에 머무르지 않고 이를 게을리합니다. 아이들의 마음으로 살아야 함을 간과하는 것이지요."

교황님은 에둘러 말하지 않습니다. 한번은 '예수님은 사탄을 파멸시키기 위해 오셨던 것'이라고도 설명했습니다. 그러나 사탄은 교묘하게도 '예수님을 모방하기 위해 선한 행세를 하기도 한다.' 하고 이야기했습니다.

즉, 우리는 늘 숨어 있는 악마를 경계해야 합니다. 그리고 우리는 악마의 행실을 이기는 법을 압니다. 그것은 바로 기도와 하느님의 말씀이지요. 교황님은 구세주 예수님 또한 유혹을 받으셨을 때 사탄의 감언이설을 받아 주지 않았다는 것을 우리에게 상기시켜 줍니다. 예수님은 자신을 사탄과 같은 수준에 놓으려 하지 않으셨지요. 그 대신 예수님은 이렇게 성경을 인용하셨습니다.

"성경에 기록되어 있다. '사람은 빵만으로 살지 않고 하느님의 입에서 나오는 모든 말씀으로 산다.'"(마태 4,4)

# 사탄의 연기

*Professione Esorcista*

나에게는 잊을 수 없는 말이 있습니다. 이는 바오로 6세 교황님이 말한 것입니다. 1972년 성 베드로 대성전에서 교황님은 제2차 바티칸 공의회를 아주 거세게 비판하던 사람들 앞에서 '사탄의 연기'에 대해 언급했습니다. 모두가 놀랄 만한 발언이었습니다. 교황님이 그 말을 한 6월 29일은 바오로 사도의 축일이었으며, 교황님의 즉위 9주년 기념식이 있던 날이었습니다.

해가 질 때 교황님은 교회 내에 퍼진 불안함에 대해 극적인 강론을 했습니다. 악마와 사탄, 그리고 '하느님의 성전'에 몰래 침입하는 '사탄의 연기'에 대한 강론이었지요.

"우리는 더 이상 교회를 신뢰하지 않고 있으며, 심지어 공의회의 결실을 억눌러 '교회가 자의식을 완전히 회복하여 기쁨의 찬가를 부르지 못하게' 하고 있습니다."

당일 강론은 청중에게 큰 충격을 안겨 주었습니다. 악마라는 것은 오랜 전설 속의 고리타분한 주제로 보였거든요. 게다가 교황님이 독설이라고 여겨질 만큼 강하게 말했기에 드디어 인간이 악마의 힘을 거의 다 쫓아냈다고 생각하던 당시의 분위기가 바뀌었습니다.

하지만 역대 교황님은 모두 악마에 대해 단호하고 사실적으로 말했습니다. 심지어 공의회도 악마에 대해 논했습니다. 체계적으로 다루지는 않았지만요. 어떤 교황님도 악마를 잊지 않았습니다. 그랬다면 정말 문제가 되었을 것입니다. 어떤 교황님도 악마를 신화나 미신으로 치부하지 않았습니다. 공의회, 바오로 6세 교황님, 요한 바오로 2세 교황님, 베네딕토 16세 교황님, 프란치스코 교황님 모두 마찬가지입니다. 프란치스코 교황님은 베드로의 후계자로 선출된 지 몇 시간 되지 않아 악마에 대해 언급했습니다. 그리고 그 이후로도 많은 사람들이 놀랄 만큼 굉장히 자주 악마에 대해 말합니다.

공의회 또한 악마에 대해 매우 분명한 입장입니다. 현대 세계의 교회에 관한 사목 헌장인 〈기쁨과 희망*Gaudium et Spes*〉에서는 악마에 관해 다음과 같이 언급합니다. 이는 악마에 대한 일말의 의심은 물론 악마를 신화로 치부해 버릴 여지를 일절 남겨 두지 않는 말입니다.

"암흑의 세력에 대한 힘든 투쟁은 인류의 역사 전체를 관통하고 있으며, 이 투쟁은 태초부터 시작되어 주님의 말씀대로 마지막 날까지 계속될 것이다."(〈기쁨과 희망〉, 37항)

이것이 다가 아닙니다. 이 문헌은 그리스도가 희생을 통해 세상을 악에서 구원하셨음을 언급하며 두 번이나 더 악마에 대해 언급합니다. 그리고 '악마의 속임수에 넘어간 인간이 종종 우상 숭배에 빠진다'는 점을 상기시킵니다.

공의회는 악마의 본질을 체계적으로 규정하고 있지는 않습니다. 아마도 이 주제에 대해 공의회 교부들 안팎에서 논쟁이 되지 않았기 때문일 것입니다. 그럼에도 악마에 대한 언급은 공의회 문헌에서 빠지지 않았습니다. 공의회 문헌은 악마에 대해 적어도 열여덟 번은 중요하게 언급합니다. 성 베드로 대성전의 공의회에서 본 사안을 '상징적인 것'으로만 다루지 않았다는 의미입니다.

교회에 관한 교의 헌장인 〈인류의 빛 *Lumen Gentium*〉에서는 먼저 평신도들이 어두운 세계의 지배자들과 악령들을 거슬러 싸워야 함을 밝히고 있으며(〈인류의 빛〉, 35항 참조), 그다음에는 악마의 속임수에 대항하기 위해 어떻게 무장해야 하는지 밝히고 있습니다. 하느님의 무기로 무장해야 하는 것이지요(〈인류의 빛〉, 48항 참조).

바오로 6세 교황님은 악마의 연기에 대해 경고한 지 몇 개월 후 다시 한번 대중을 향해 이에 대해 극적으로 말했습니다. 1972년 11월 15일이었지요. 교황님은 어떻게 악마에게서 벗어날 수 있는지 언급했습니다. 특히 '우리가 악마라고 부르는 이 악'을 물리치는 것이 교회의 가장 큰 직무 중 하나라 강조하시며, 악마를 '살아 있는 존재', '타락했고 타락시키는 자'라고 엄중히 낙인 찍었습니다. 우리는 교황님의 말을 되새겨 보아야 합니다.

"오늘날 교회에 가장 필요한 것들은 무엇입니까? 그 답이 얼마나 미신적이고 비현실적이고 단순한 것인지 놀라지 마십시오. 바로 우리가 악마라 부르는 그 '악'을 막아 내는 것입니다. 악은 더 이상 정신 질환이 아니라, 효력이 있는 실재, 살아 있는 영적 존재이자, 타락했고 타락시키는 자입니다. 기이하고 무서운 '끔찍한 실재'입니다. 하느님에게서 난 모든 피조물과 마찬가지로 악마 또한 실존한다는 것을 인정하지 않는 자, 혹은 악마가 그저 초현실이자 우리 불행의 알 수 없는 원인을 환상과 관념으로 인격화한 것에 불과하다고 설명하는 자는 교회와 성경의 가르침에서 벗어나 있는 것입니다."

교황님이 한 말은 아주 중요합니다. 이 말은 악마에 대한 어떤 관용도 허물어 버리라는 말입니다. 악은 선이 없거나 부족한 것이 아니라 우리가 일말의 융통성도 용서도 없이 싸워야 할 '실체'라고 설명하는 것입니다.

이런 이유로 1972년 신앙교리성은 악마에 관한 교회의 교리 전체를 다시 상정했습니다. 사탄과의 싸움 또한 신학의 일부이며 따라서 악마론은 하느님을 연구하는 학문에서 우선 살펴봐야 하는 부류에 속한다고 주장했습니다. 다시 말해 바오로 6세 교황님은 분명한 생각을 지니고 있었습니다. 이에 대해 여러 번 말하지는 않았지만[1] 중요한 것은 매우 명확하게 말했다는 점입니다.

이날 교황님은 '우두머리 악마에게는 그에게 충성하는 여러 악마들이 있다.'고도 설명했습니다.

"악마는 하나가 아니라 여럿이라는 것이 성경 구절에 여러 번 나와 있습니다(루카 11,26; 마르 5,9 참조). 그들의 우두머리는 하나인데, 그는 적대자를 의미하는 사탄입니다. 그리고 그 사탄을 따르는 악마들이 많이 있습니다. 그러나 우리도 우리의 삶과 역사 전체에 관여하는 이 악마의 세계에 대해 많은 것을 알고 있습니다. 인류 최초의 불행의 기원에 악마가 있습니다. 아담의 타락으로 악마는 인간에 대해 모종의 지배권을 얻었습니다."

하지만 이 주제와 관련해서 사람들은 항상 조금은 혼란스

---

[1] 교황님은 1977년에야 대중에게 악마에 대해 다시 말합니다.

러워 했습니다. 마법적이고 불확실한 내용이 많았기 때문이지요. 신앙교리성은 1975년 문헌를 통해 악마에 대한 진실을 바로잡고 그리스도 신앙과 악마론 사이의 관계를 분명히 밝히려 했습니다. 그 문헌에서는 복음에서 예수님이 악마를 쫓아내셨을 때 오컬트적인 환영에 사로잡혀 쫓아내셨던 것이 아니라고 설명합니다. 그리스도는 마술사가 아닙니다. 그리스도는 현실 원리에 따라 행동하시는 분이지요. 그리고 악마는 어떤 믿음보다 선재하는 '살아 있는 존재'입니다. 다시 말해 교회는 그저 '많은 사람들이 악마를 믿는다는 이유'로 악마가 있다고 주장해 온 것이 아닙니다. '메시아의 가르침'이기 때문에 그렇게 하는 것입니다.

교황님들은 일반 알현을 통해 자주 대중과 만납니다. 1986년 여름, 요한 바오로 2세 교황님은 여덟 번의 일반 알현에서 타락한 천사에 대해 언급하며 메시아의 가르침을 전했습니다. 교황님은 악마에 대한 교리를 더욱 공고히 하며 악마가 자신의 거짓말을 인간에게 강요하고 싶어 한다는 것을 설명했습니다. 그리고 식별하기는 쉽지 않지만 악마에게 사로잡힌 사례들이 있을 수 있다고 인정했습니다.

아모르트 신부님은 요한 바오로 2세 교황님을 떠올리며 이렇게 말하고는 했습니다. 교황님이 악마를 믿지 않는 일부 주교들을 본 후 이에 대해 냉정하게 말하고는 했다고 말입니다.

"악마를 믿지 않는 자는 복음서를 믿지 않는 것입니다."

이처럼 '세상의 우두머리'(악마)에 대한 이론은 공상적인 이론이 아닙니다. 그러나 이 주제는 베네딕토 16세 교황님의 재임 시기 지옥에 관한 논쟁 속에서 애매모호해졌습니다.

한편 《가톨릭 교회 교리서》 또한 사탄에 대해 명확히 밝히고 있습니다. 우리가 바치는 주님의 기도를 떠올려 봅시다. 우리가 "저희를 악에서 구하소서."라고 할 때, 이러한 언급은 일반적이진 않지만 정확합니다. 즉 우리는 이것이 사람이나 타락 천사, 즉 복음에 의하면 하느님을 시험까지 하며 언제나 하느님을 아득바득 거스르고 거역하는 '악'을 말한다는 것을 확인할 수 있습니다.

《가톨릭 교회 교리서》에서는 악마를 '거짓말쟁이', 심지어는 '거짓의 아비'(《가톨릭 교회 교리서》, 2852항)라고 말합니다. 그들은 하늘나라를 선포하는 교회와 싸우는 존재입니다. 그리고 악마는 역사를 황폐하게 만들고 인간을 소유하려 듭니다.

부마가 실제로 된 상황인지는 교부들이 가려냅니다. 예를 들어 세비야의 이시도로 성인은 악마의 희생자를 '마귀 들린 자'라 불렀습니다. 이시도로 성인이 보기에 부마된 사람은 악령이 들린 고통 속에서 자신의 몸을 자기 맘대로 할 수 없는 '병자'였습니다. 보나벤투라 성인은 더 명료했습니다. 보나벤투라 성인 또한 영혼은 물론 육체까지 사로잡힌 사람들에 대하여 말할 때 이시도로 성인과 같은 시선으로 보았습니다. 그리고 성인은 그 사악한 피조물들이 인간의 몸에 들어올 수 있을 정도로 명민하다고 설명했습니다. 물론 이는 악마에게 이러한 일이 허락되는 경우에만 일어납니다. 그리고 이러한 허락은 상급 권위자만 할 수 있는 것으로 그것을 허락하는 이유는 알 수 없다고 말했습니다.

악마에 관한 교리는 그리스도교 공동체의 모든 성찰에 걸쳐 있습니다. 교부들은 악마가 사람과 사물, 심지어 성물에도 나타날 수 있고, 죄를 저지른 사람뿐 아니라 저지르지 않은 사람에게서도 나타날 수 있다고 말합니다.

# 믿는 이에게는 모든 것이 가능하다

*Professione Esorcista*

신약 성경에서 악마와 마귀들은 종종 예수님을 시험하려 합니다. 요르단강에서 세례를 받으신 후 공적 활동을 개시할 즈음에 그리스도는 악마의 유혹을 받으셨습니다. 광야에서 40일간의 고독과 단식으로 지쳐 육체적으로 매우 허약해졌을 때였지요. 구세주 앞에 나타난 악마는 그분을 유혹합니다. 마태오 복음사가는 그 첫 번째 유혹이 음식이었다고 일러 줍니다.

"당신이 하느님의 아들이라면 이 돌들에게 빵이 되라고 해 보시오."(마태 4,3)

하지만 예수님은 이렇게 답하십니다.

"성경에 기록되어 있다. '사람은 빵만으로 살지 않고 하느님의 입에서 나오는 모든 말씀으로 산다.'"(마태 4,4)

그러자 악마는 예수님을 예수살렘의 성전 꼭대기에 세운 다음, 예수님의 허영심을 부추기려 합니다.

"당신이 하느님의 아들이라면 밑으로 몸을 던져 보시오. 성경에 이렇게 기록되어 있지 않소? '그분께서는 너를 위해 당신 천사들에게 명령하시리라.' '행여 네 발이 돌에 차일세라 그들이 손으로 너를 받쳐 주리라.'"(마태 4,6)

이렇게 과시한다면 그분은 백성들에게 인정받고 지지받을 것입니다. 그러나 예수님은 짧고 단호하게 말씀하십니다.

"성경에 이렇게도 기록되어 있다. '주 너의 하느님을 시험하지 마라.'"(마태 4,7)

하지만 악마는 단념하지 않고 다시 시도합니다. 그분을 매우 높은 산으로 데리고 가서, 세상의 모든 나라와 그 영광을 보여 줍니다. 그러고는 이렇게 말합니다.

"당신이 땅에 엎드려 나에게 경배하면 저 모든 것을 당신에게 주겠소."(마태 4,9)

악마는 우리에게도 똑같은 유혹을 하고 있습니다.

"나를 경배한다면 나는 네게 성공과 부와 명성, 영원한 젊음을 줄 것이다."

괴테의 《파우스트 Faust》에 나오는 많은 사람들이 이를 믿고 영원한 파멸의 길을 걷게 됩니다. 오늘날에도 많은 사람들이 어둠의 세계로부터 덕을 볼 수 있을 것이라는 착각에 빠져 사탄 의식이나 사탄의 종교에 접근합니다. 그러나 우리는 거짓의 아비 '사탄'이 뿌리는 유혹이 아니라, '예수님'이 하신 대답에 귀를 기울여야 합니다.

"사탄아, 물러가라. 성경에 기록되어 있다. '주 너의 하느님께 경배하고 그분만을 섬겨라.'"(마태 4,10)

악마가 높은 곳에서 예수님께 이 세상의 모든 나라를 보여 주는 장면에는 두 왕 사이의 대립이 명확하게 나타나 있습니다. 바로 하느님의 아드님이신 예수님과 어둠의 왕자인 사탄 간의 대립이지요. 악마는 그리스도를 용인할 수 없었습니다.

반역한 천사의 기원에 관한 이야기에 따르면, 사탄을 천상에서 떨어지게 만든 교만이라는 죄는 바로 구세주 예수 그리스도의 인간 본성을 인정하고 싶지 않아 했던 것이었습니다. 신학자 이노스 비피 신부님이 주목했던 것처럼, 그 반역의 대상이 예수님이었던 것입니다. 충실한 천사들은 예수님에 대한 신성한 계획을 받아들였습니다. 그러나 충실하지 못한 천사들은 예수님에 대한 계획을 반대했습니다. 이제 왜 탄생의 알림부터 승천까지 예수님의 삶에 천사들의 존재가 함께하며 그분을 섬기고 위안을 드리는지 이해할 수 있습니다. 악마의 존재와 악마의 음모로 방해받으셨던 것과는 반대로, 이 천사들은 늘 주님을 경배합니다.

신성한 계획에 따라 인류의 구원자로 오신 그분을 사탄은 늘 훼방하려 했습니다. 그러나 예수님은 운명대로 십자가 위에서 승리하셨고, 그 십자가로 아담의 죄를 보속하고 모든 인류에게 구원을 가져다주셨습니다. 최후의 만찬에서 예수님은 말씀하십니다.

"이 세상의 우두머리가 오고 있다. 그는 나에게 아무 권한도 없다."(요한 14,30 참조)

그리스도는 악마의 힘을 꺾을 수 있는 유일한 분이십니다. 악마는 주님에게 아무 권한이 없습니다. 그러나 악마는 구원된 인간을 떨어뜨리고자 온갖 수단을 동원해 인간을 공격하고 유혹하며, 어떤 경우에는 괴롭히다 못해 억압시킵니다.

이와 관련하여 복음서에 또 다른 관점이 나오는데, 바로 악마로부터 인간을 구하시는 구세주의 업적이 그것입니다. 마르코 복음사가는 다음과 같이 전합니다.

"저녁이 되고 해가 지자, 사람들이 병든 이들과 마귀 들린 이들을 모두 예수님께 데려왔다. 온 고을 사람들이 문 앞에 모여들었다. 예수님께서는 갖가지 질병을 앓는 많은 사람을 고쳐 주시고 많은 마귀를 쫓아내셨다. 그러면서 마귀들이 말하는 것을 허락하지 않으셨다. 그들이 당신을 알고 있었기 때문이다."(마르 1,32-34)

또한 마태오 복음사가는 이렇게 증언합니다.

"그분의 소문이 온 시리아에 퍼졌다. 그리하여 사람들이 갖가지 질병과 고통에 시달리는 환자들과 마귀 들린 이들, 간질 병자들과 중풍 병자들을 그분께 데려왔다. 예수님께서는 그들을 고쳐 주셨다."(마태 4,24)

"저녁이 되자 사람들이 마귀 들린 이들을 예수님께 많이 데리고 왔다. 예수님께서는 말씀으로 악령들을 쫓아내시고, 앓는 사람들을 모두 고쳐 주셨다."(마태 8,16)

루카 복음사가가 또한 마찬가지입니다.

"해 질 무렵에 사람들이 갖가지 질병을 앓는 이들을 있는 대로 모두 예수님께 데리고 왔다. 예수님께서는 한 사람 한 사람에게 손을 얹으시어 그들을 고쳐 주셨다. 마귀들도 많은 사람에게서 나가며, '당신은 하느님의 아드님이십니다.' 하고 소리 질렀다. 그러나 예수님께서는 꾸짖으시며 그들이 말하는 것을 용납하지 않으셨다. 당신이 그리스도임을 그들이 알고 있었기 때문이다."(루카 4,40-41)

"그들은 예수님의 말씀도 듣고 질병도 고치려고 온 사람들이었다. 그리하여 더러운 영들에게 시달리는 이들도 낫게 되었다. 군중은 모두 예수님께 손을 대려고 애를 썼다. 그분에게서 힘이 나와 모든 사람을 고쳐 주었기 때문이다."(루카 6,18-19)

"악령과 병에 시달리다 낫게 된 몇몇 여자도 그들과 함께 있었는데, 일곱 마귀가 떨어져 나간 막달레나라고 하는 마리아, 헤로데의 집사 쿠자스의 아내 요안나, 수산나였다."(루카 8,2-3)

복음사가들의 증언은 악마에게 시달리는 사람들의 고통에 마음을 쓰시고 이들을 해방시키시는 예수님의 모습을 우리에게 보여 줍니다. 그중에서도 내가 가장 인상 깊게 읽은 일화는 마르코 복음서 5장에 나오는 게라사Gerasa의 더러운 영이 들린 사람에 대한 이야기입니다. 게라사인들의 지방에 도착하시자마자 예수님은 더러운 영이 들린 사람과 마주하게 되는데, 마르코 복음서에 따르면 더러운 영은 그 사람 안에서 괴력을 행하고 있었습니다.

"이미 여러 번 족쇄와 쇠사슬로 묶어 두었으나, 그는 쇠사슬도 끊고 족쇄도 부수어 버려 아무도 그를 휘어잡을 수가 없었다."(마르 5,4)

그는 무덤에서 살았는데, 밤낮으로 소리를 지르고 돌로 자기 몸을 치곤 했습니다. 마귀는 곧 예수님으로부터 이름을 밝히라는 명령과 그 사람에게서 나가라는 명령을 받습니다. 그러자 이렇게 답합니다.

"제 이름은 군대입니다. 저희 수가 많기 때문입니다."(마르 5,9)

바로 이 구절 때문에 모든 구마 사제는 구마 예식 중에 악령이 들린 사람 안에 있는 악한 존재에게 집요하게 이름을 묻습니다.

특히 이 구절이 내게 가장 인상 깊었던 까닭은 이 구절은 명백함의 힘을 갖고 있기 때문입니다. 나 또한 아모르트 신부님을 도우면서 이 복음서에 나오는 것과 같은 대답을 들은 적이 있습니다. 복음은 진실을 말합니다. 그러나 평소에는 그것을 잘 확인하지 못합니다. 그러나 구마 예식을 하면서 같은 답을 듣다 보니 이미 신앙심으로 믿고 있던 것을 마치 생생히 확인한 것 같았습니다. 그런 까닭에 악령 들린 사람의 광기 어린 모습에 두려움이 앞서는 것이 아니라, 오히려 마음에 큰 평온함이 내려 앉았습니다. 주님이 나와 함께 계시니, 누가 나와 맞설 수 있겠습니까?

또한 이 구절은 우리가 교회의 이름으로 행하는 이 구마 직무의 깊은 근원에 닿은 것처럼 느끼도록 해 줍니다. 구마 예식을 행하고 악마의 영향으로 고통받는 사람들과 함께하며 그들을 돕는 일은 예수님이 당시의 사람들에게 느끼셨던 것과 똑같은 동정심에서 나오는 자비의 직무입니다. 사실상 그것이 전부라 할 수 있습니다. 그만큼 구마 직무는 믿음으로 수행되고 믿음을 필요로 하며 믿음으로 이뤄집니다. 복음서에 따르면(루카 9,38-43; 마르 9,14-29 참조) 예수님이 베드로와 요한과 야고보와 함께 타볼산에 오르셨을 때 예수님의 제자들은 어릴 적부터 악마에게 끔찍하게 고통받고 있던 한 아이에게서 악마를 내쫓으려 했지만 쫓아내지 못했습니다.

예수님이 산에서 내려오셨을 때, 아이의 아버지가 예수님께 아이에게 들린 영을 쫓아내 달라고 청합니다. 아이에게 들린 영은 예수님을 보자 곧바로 아이를 뒤흔들어 댔고 아이는 땅에 쓰러져 거품을 흘리며 뒹굴었습니다. 아이의 아버지는 아이에 대해 이렇게 말합니다.

"저 영이 자주 아이를 죽이려고 불 속으로도, 물속으로도 내던졌습니다. 이제 하실 수 있으면 저희를 가엾이 여겨 도와주십시오."
(마르 9,22)

이어지는 예수님의 대답이 바로 구마의 효력과 본질을 이해할 수 있는 열쇠입니다.

"'하실 수 있으면'이 무슨 말이냐? 믿는 이에게는 모든 것이 가능하다."(마르 9,23)

아이의 아버지에게 예수님은 '믿음'을 가지라고 하셨습니다. 악령으로 인한 고통에서 벗어나려 구마 사제를 찾는 모든 이들에게도 마찬가지로 이 '믿음'이 필요합니다. 아이의 아버지가 예수님께 드린 대답은 불가사의한 악과 마주한 많은 이들에게 속하는 대답일 것입니다.

"저는 믿습니다. 믿음이 없는 저를 도와주십시오!"(마르 9,24)

그리스도는 이렇게 명하십니다.

"벙어리, 귀머거리 영아, 내가 너에게 명령한다. 그 아이에서 나가라. 그리고 다시는 그에게 들어가지 마라."(마르 9,25)

그러자 말씀하신 대로 되었습니다. 제자들이 예수님께 어째서 자신들은 그 영을 쫓아내지 못했던 것인지 묻자 예수님은 이렇게 답하셨습니다.

"그러한 것은 기도가 아니면 다른 어떤 방법으로도 나가게 할 수 없다."(마르 9,29)

그렇습니다. 내가 아모르트 신부님과 함께 벙어리 영이 들렸던 한 소녀의 사례를 다뤘을 때 겪은 일도 이와 같았습니다. 모든 것이 침묵 속에서 일어나는 가운데 악한 존재가 거기 있었기에 정말 인상적이었습니다. 소녀에게서 영이 나가기까지는 정말 오랜 시간이 걸렸습니다.

그러나 교회의 활동은 언제나 예수님이 하신 약속에 기반해 있습니다.

"그(이 세상의 우두머리)는 나에게 아무 권한도 없다."(요한 14,30)

# 예수님의 이름으로

*Professione Esorcista*

 

 

많은 사람들이 때로는 지나칠 정도로 구마 사제가 무슨 활동을 하는지 궁금해합니다. 미디어는 종종 어두침침하거나 미스터리한 느낌을 이용해 구마 사제가 하는 일을 과장되게 묘사합니다. 구마 예식이 마치 흥미로움과 혐오스러움 사이를 넘나들며 악의 세력을 소환하는 '마술 의식'인 것처럼 말입니다. 가톨릭 신앙의 근본에 대한 이해가 부족할 때에도 이러한 오해가 생깁니다. 세상에 악마 같은 것은 없다고 말하는 회의론자들, 그리고 모든 것을 악마의 개입으로 보는 사람들이 서로 대립하고 있습니다. 이에 우리는 본질적인 개념부터 되짚어 볼 필요가 있습니다.

나는 기자들에게 여러 번 말을 했습니다. 내가 하는 구마 예식에 참관하러 온다면 '실망'할 거라고 말입니다. 구마는 교회가 바치는 '기도'입니다. 당사자들을 보호하기 위해 구마를 하는 모습이 베일에 싸여 있는 것이지, 구마 예식 자체에는 미스터리하거나 난해한 요소가 전혀 없습니다. 또한 구마는 악마에게 부마된 사람의 몸에서 떠날 것을, 혹은 악의 영향을 받고 있는 사람이나 장소, 물건을 내버려 둘 것을 명하는 엄숙하고 공적인 기도입니다. 구마 기도는 부탁이 아닙니다. 예수님의 이름으로, 교회의 권위 하에 행하는 '명령'입니다. 구마 사제의 기도만 보아도 이 점은 분명합니다.

"주님의 이름으로 명하오니 악마야 물러가거라."

그리고 이러한 까닭에 주교[2]나 교구장 주교에게 특별히 임명된 사제만이 구마를 행할 수 있습니다.

구마 기도와 달리 해방 기도는 악의 세력에서 벗어나게 해달라고 청하는 기도입니다. 주님께 직접 청하기도 하고 성모

---

2  구마를 행하지는 않을지라도 모든 주교는 구마 사제입니다.

님을 비롯한 성인들을 통해서 주님께 간구드리기도 하지요. 악에서 구해 달라는 청원은 누구나 할 수 있는 것입니다. 이미 주님의 기도를 바칠 때마다 이렇게 청원을 하고 있기도 하고요. 그러므로 구마 기도가 주교에게 임명된 사제들의 몫이라면, 해방 기도는 누구나 바칠 수 있는 기도입니다.

교회의 가르침에 따르면, 구마 예식은 준성사입니다.

성사는 사효성ex opere operato 을 지니는데, 이는 '성사 거행 그 자체로' 효력이 있다는 뜻입니다. 이처럼 성사는 집전자의 개인적인 성덕이나 죄의 유무와 관계없이 효력이 있습니다. 만일 중죄가 있는 사제에게 고해성사를 받는다고 생각해 봅시다. 그 사제가 교회가 정해 둔 절차대로만 고해성사를 행한다면, 그 사제가 죄를 지었다고 하더라도 그가 행한 죄 사함은 유효합니다. 그러나 성사를 무조건 효력이 있는 일종의 마술과 같은 의식으로 혼동하지 않기 위해서 반드시 지켜야 할 것이 있습니다. 바로 집전자가 교회의 지향에 따라 표징인 성사를 집전해야 한다는 것이지요.

이와 달리 준성사는 인효성ex opere operantis을 지닙니다. 이는 '성사 거행자의 정성으로' 발휘되는 효력입니다. 그러므로 그

효력은 성직자의 믿음, 구마 예식을 받는 사람의 믿음, 기도를 함께하는 사람들 및 교회 전체의 믿음에 달려 있습니다.

구마는 자동으로 수행되는 '마술'이 아닙니다. 구마 사제를 찾는 사람들은 하느님에 대한 믿음이 필요합니다. 믿음이 없다면 구마 예식 또한 소용이 없습니다. 악마 때문에 고통받는 사람은 부마가 몸과 정신에 영향을 미칠 수 있어도 영혼에는 아무런 해를 끼칠 수 없다는 점을 알아야 합니다. 또한 해방 그 자체를 위해서가 아니라 주님과의 관계에 근거해 도움을 청해야 한다는 점을 명심해야 합니다. 그렇지 않으면 구마 예식은 정말로 마술에 지나지 않고, 구마 사제는 '나쁜' 마술사에 대적하는 '착한' 마술사쯤이 될 뿐입니다.

준성사인 구마 예식에서는 보조자들과 친지들을 비롯해 구마 예식에 참여하는 모든 사람들의 '믿음'이 중요합니다. 다른 구마 사제들과 달리, 아모르트 신부님은 단순한 호기심으로 들어오겠다는 사람이 아니라면 구마 예식을 참관하고 싶다는 사람들의 요청을 모두 받아들였습니다. 사실상 구마 예식은 모든 사람들에게 유익하고 효과적인 '교리 교육'이라고 생각했지요.

복음서에는 악마가 예수님을 뵈었을 때 그분이 하느님의 아드님이심을 알고서는 소리를 지르며 말했다고 나와 있습니다(마르 1,23-24 참조). 그리고 때때로 악령들과 짧게 대화를 나누시기도 하셨지요(마태 8,28 이하 참조). 한편 한 사람을 한 악령이 사로잡은 경우도 있고 여러 악령이 사로잡은 경우도 있습니다. 그러나 어떠한 경우든 그리스도는 이 악령들에게 절대적 권위를 지니시며, 악령들의 운명은 그리스도께 달려 있습니다.

구마 사제들은 예수님이 팔레스티나의 거리에서 그러하셨던 것처럼 예수님의 이름으로 악마들을 쫓아내는 이들입니다. 그들은 고통받는 사람들을 불쌍히 여기신 예수님과 같은 마음으로 사람들에게 다가갑니다. 그러나 구마 사제가 바치는 이 기도가 효력을 지니고 악마에게 다시 사로잡힐 위험을 없애 주기 위해서는 구마 예식이 필요한 자가 얼마나 성사를 자주 받고, 얼마나 기도를 부지런히 바치며 변화의 의지를 갖는지가 중요합니다. 진정한 변화가 없다면 악마가 '다시 달라붙을' 위험이 있습니다.

예수님은 악마가 다시 달라붙을 때 어떤 일이 일어나는지에 대해 이렇게 말씀하셨습니다.

"더러운 영이 사람에게서 나가면, 쉴 데를 찾아 물 없는 곳을 돌아다니지만 찾지 못한다. 그때에 그는 '내가 나온 집으로 돌아가야지.' 하고 말한다. 그러고는 가서 그 집이 비어 있을 뿐만 아니라 말끔히 치워지고 정돈되어 있는 것을 보게 된다. 그러면 다시 나와, 자기보다 더 악한 영 일곱을 데리고 그 집에 들어가 자리를 잡는다. 그리하여 그 사람의 끝이 처음보다 더 나빠진다. 이 악한 세대도 그렇게 될 것이다."(마태 12,43-45)

예수 그리스도의 이름으로 악마를 쫓아낼 수 있는 권한은 마태오 복음서가 전하듯이 초기 그리스도교 공동체가 생겨난 시대부터 이미 교회에 주어졌습니다.

"예수님께서 열두 제자를 가까이 부르시고 그들에게 더러운 영들에 대한 권한을 주시어, 그것들을 쫓아내고 병자와 허약한 이들을 모두 고쳐 주게 하셨다."(마태 10,1)

마르코 복음서와 루카 복음서에도 같은 증언이 나와 있습니다(마르 3,15; 루카 9,1 참조).

사도들의 사명에는 언제나 악령을 내쫓고 부마된 사람을 치유할 수 있는 능력이 동반됩니다. 또한 사도행전에는 군중들이 악령으로 고통받는 사람들과 병든 사람들을 베드로 사도나 바오로 사도에게 데려가 치료하는 장면이 여러 번 묘사되어 있습니다. 그리하여 교회는 '주님의 이름으로' 악을 내쫓을 수 있다는 믿음과 인내를 갖고 계속해서 기도를 바치는 것입니다.

또한 이탈리아 주교회의의 《구마 예식서》 서문에는 다양한 방식으로 '가장 강하신 분'에게 돌아가도록 악마에게 명하는 명령이 나와 있습니다. 그리고 이 《구마 예식서》는 "교회가 공적으로, 그리고 권위적으로 어떤 사람이나 사물이 악의 지배로부터 벗어날 수 있도록 그리스도의 이름으로 명하는 것을 '구마'라 한다." 하고 설명하지요.

## 어떤 구마 예식이 가장 효과적인가요

*Professione Esorcista*

2세기 때부터 교회의 구마 사제의 활동을 잘 나타내 주는 기도들이 있습니다. 기원 후 첫 몇 세기의 전례서에는 재, 기름, 향, 물과 소금 등 사물에게 들린 악령을 내쫓기 위한 기도, 혹은 5세기의 세례자들을 위한 예식에서처럼 사람에게 들린 악령을 내쫓기 위한 기도들이 나옵니다. 오늘날 준성사로 분류되는 구마 예식은 《구마 예식서*De exorsismis et supplicationibus quibusdam*》(약어로 DESQ)[3]에 의하여 규정됩니다. 이는 요한 바오로 2세 교황님의 승인에 따라 1998년에 경신성사성의 교령으로 공포된 예식서입니다. 이탈리아 주교회의에서는 기존의

---

[3] 이 예식서의 제목을 문자 그대로 풀이하면 '구마 기도와 다른 기도문들'입니다.

라틴어로 된 《구마 예식서》를 이탈리아 교회용으로 번역했는데, 흥미로운 점은 이때 이탈리아어판에 참고로 덧붙여진 다음과 같은 내용입니다.

"새로운 《구마 예식서》는 명백히 미신적이고 일탈적인 숭배 의식이 확산된 문화적 환경에 한줄기 빛이 될 수 있습니다. 사람들은 올바른 종교 교육이 부족하고, 미래에 대해 불안해하기 때문에 점이나 일탈적인 미신 행위, 마술 등에 의지하거나 심지어 사탄 숭배 의식에 이르게 됩니다."

미디어의 영향으로 인해 악의 세계에 대한 '해로운 관심'이 늘어 가고 있습니다. 반대로 한편에서는 역사와 인간의 삶에 언제나 존재했던 루치펠과 루치펠의 행적들을 모두 부정하거나 과소평가하고 있습니다. 그래서 나는 종종 다음과 같이 《구마 예식서》를 원문 그대로 인용합니다.

"잘 알려진 이야기나 설화, 설교 내용들은 종종 악마에 대해 상상력이 가득한 신화적인 언어를 사용하는데, 이 때문에 사람들은 꼭 필요한 식별을 잘 해내지 못하고 각종 꾸며진 말들과 함께 요한 묵시록과 교회 교리의 '실제 내용'까지 부정하게 됩니다."

그러나 우리는 교회와 복음의 가르침을 통해 악마와 악이 존재한다는 것을 압니다. 그리고 바로 그 악과 예수님이 싸우셨다는 것을 압니다. 예수님은 이미 사탄을 이기셨으며 사탄의 지배권을 무너뜨리셨습니다.

1998년에 채택된 구마 예식 이전에 1614년에 정해진 훨씬 오래된 예식이 있습니다. 이 예식은 아직도 많은 구마 사제들이 사전 허가를 받고 사용합니다. 이 오래된 예식서가 더 완전하고 효력이 있다고 생각하기 때문입니다.

세 번째 구마 예식인 《사탄 및 타락한 천사들에 대한 구마 예식 Exorcismus in Satanam et Angelos Apostaticos》도 있습니다. 이는 레오 13세 교황님이 만든 구마 예식으로 재위 마지막 해이던 1903년에 《로마 예식서 Rituale Romanum》에 포함된 예식입니다. 레오 13세 교황님은 1884년 10월 13일 바티칸 경당에서 미사를 집전하다가 미사가 끝날 때 쯤 황홀경에 빠진 듯 10분 가까이 제대에 서 있었습니다. 그러고 나서 사탄 및 타락한 천사들에게 대항하기 위해 이 구마 예식을 만들었습니다. 이 구마 예식의 도입부에는 레오 13세 교황님이 직접 쓴 '성 미카엘 대천사[4]에게 바치는 기도'가 포함되어 있습니다. 레오 13세 교황님은 신자들에게 미사가 끝날 때마다 이 기도문을 바치게 했습니다.

구마 사제들 사이에서도 어떤 구마 기도문이 효력이 있는지에 대해서는 의견이 분분합니다. 이에 대해서는 설명이 좀 더 필요합니다. 이 주제에 대한 가장 완벽한 해설은 구마 사제인 보제띠Bogetti 신부님의 저서 《구마 사제와 부마된 사람, 그리고 구마 예식L'esorcista, gli ossessi e l'"esorcismo》을 참조하면 좋습니다.

1614년의 《로마 예식서》에는 가톨릭교회의 모든 전례가 실려 있습니다. 이 예식서에서는 구마 예식을 아직 정식 전례로 규정하고 있지는 않으며, 다만 부마된 사람에 대한 구마라는 장에서 권장 수준으로만 다루고 있습니다.

이후 《로마 예식서》는 계속 수정되어 왔습니다. 이 책의 가장 최신판은 1952년에 비오 12세 교황님이 공포한 것입니다.

---

[4] 미카엘이라는 이름은 '누가 하느님 같으랴?'라는 뜻으로 사탄과 맞서 그를 처단하는 것을 주된 임무로 하는 강력한 천사입니다.

그러나 1952년 《로마 예식서》에 실린 구마 예식은 1614년의 구마 예식과 본질적으로 똑같습니다. 다만 제12장에서 '구마 예식'을 다루면서 이 예식을 다음과 같이 세 개의 부분으로 나누었을 뿐입니다.

**1부** 악마에게서 해방시켜야 할 사람들에 대해 주의해야 할 규칙, **2부** 악마에게 사로잡힌 사람들을 해방시키는 예식, **3부** 레오 13세 교황님이 직접 작성하고 1890년부터 시행되었던 사탄 및 타락 천사들에 대한 구마 예식입니다. 1부는 도입부이고, 3부는 결론에 해당하며, 구마 예식을 다루는 2부가 중심이지요.

구마 예식에서 사제는 구마 대상자에게 안수를 하며 확신에 찬 어조로 다음과 같이 말합니다.

"보라, 주님의 십자가!
원수들이여 도망쳐라!
유다 부족의 사자이자 다윗의 뿌리이신
예수님께서 승리하셨다!
알렐루야!"

이 짧은 기도문은 안토니오 성인이 바친 것입니다. 이 기도문은 식스토 5세 교황님의 명으로 1586년에 성 베드로 광장으로 옮겨진 오벨리스크의 바닥에도 새겨져 있습니다.

1998년 요한 바오로 2세 교황님은 악마 때문에 고통받는 사람들에 대한 구마를 승인했고, 그해 경신성사성에서는 《구마 예식서》를 공포했습니다. 이 《구마 예식서》는 1999년 1월 26일 라틴어로 공식 발간되었으며 《새로운 구마 예식 및 특수 상황을 위한 치유 기도*Il nuovo rito degli esorcismi e preghiere di guarigione per circostanze particolari*》[5]라는 이름으로 이탈리아어로도 번역되었습니다. 이 예식서는 2002년 3월 31일부터 의무화되었습니다. 그러나 주교의 승인이 있다면 구마 사제는 라틴어로도 구마 예식을 시행할 수 있습니다. 라틴어로 된 새로운 구마 예식서가 공식 발간된 다음 날 《구마 예식에 대해 전함》이라는 해설서도 같이 발표되었습니다. 이 해설서에서는 특전이 담긴 특별 조항이 있는데, 그 조항은 구마 사제들에게 오래된 구마

---

5 이탈리아어로 발간된 이 책은 라틴어로 된 《구마 예식서》의 번역판이기에 우리 책에서는 이를 따로 책 제목으로 부르지 않고 '이탈리아 주교회의가 발간한 《구마 예식서》'라고 부르겠습니다.

제2장 구마란 어떤 것인가? 117

예식을 바칠 수 있게 허용하는 것이었습니다. 즉, 구마 사제들은 1998년 《구마 예식서》의 구마 예식을 따를 수도 있지만, 1614년 예식서와 같은 예식인 1952년 《로마 예식서》 제12장에 나와 있는 구마 예식을 사용할 수도 있는 것입니다. 이 오래된 예식은 구마 사제들 사이에서 약어로 EOD(de exorcizandis obsessis a daemonio)라고 불립니다.

"어떤 구마 예식이 가장 효과적인가요?"

이 질문에 대한 답은 신학자이자 구마 사제인 가브리엘레 난니Gabriele Nanni 신부님이 했던 대답으로 대신하겠습니다.

"구마 예식의 효력은 구마 사제의 힘에서 나오는 것이 아니라 교회의 힘에서 나옵니다. 그런 까닭에 구마 기도문이 달라도 효력은 같습니다."

그렇습니다. 마술사는 자신이 무언가 비밀스러운 예식과 비밀스러운 주문을 외고 있다고 믿지만, 구마 사제는 그렇지 않습니다. 다만 아모르트 신부님은 오래된 예식이 새로운 예식보다 더 효과적이라고 생각했습니다. 신부님이 이렇게 판단한 까닭은 오래된 예식이 이미 이전 세기의 종교적 전통과 기도를 모두 담고 있기 때문입니다.

"오래된 예식에 나오는 기도문은 악마에게 악마가 기억하는 시간들, 즉 악마가 패배했던 시간들을 모두 상기시켜 줍니다."

이를 뒷받침해 주는 사실이 있습니다. 1614년의 구마 예식을 따를 때 악마가 가장 크게 반응한다는 점입니다. 이는 구마 사제로 활동하는 여러 신부님들이 모두 똑같이 입을 모으는 사실입니다.

레오 13세 교황님이 만든 《사탄 및 타락한 천사들에 대한 구마 예식》은 특히 악마의 침입, 즉 집이나 물건에 악마가 기이한 행위를 부렸을 때 효과적입니다.

많은 신자들이 이 구마 예식의 도입부인 '성 미카엘 대천사에게 바치는 기도'는 신자들도 외울 수 있다고 생각하고 있습니다. 그러나 이미 베네딕토 16세 교황님은 1985년 모든 주교들에게 보내는 서한을 통해 이에 반대하는 의견을 표명했습니다. 당시 신앙교리성 장관이었던 베네딕토 16세 교황님은 일부 교회 단체에서 평신도가 주도하는 구마 모임이 확산되고 있다는 것을 알게 되었습니다. 평신도들이 이끄는 특정 모임이 악마의 영향으로부터 벗어나기 위해 '성 미카엘 대천사에게 바치는 기도'를 드리면서 이를 구마 예식이라고 생각하고 합법적인 구마 예식을 멀리하는 문제가 발생하고 있던 것입니다.

이에 베네딕토 16세 교황님은 서한을 통해, 교회법을 상기시켰습니다. 교회법에 따르면 오직 교구 주교가 특별히 명시적으로 허가한 "신심과 학식과 현명과 생활이 완벽한 탁덕[6]"(《교회법전》1172조 2항)만이 구마 예식을 행할 수 있습니다. 따라서 레오 13세 교황님의 명으로 발간된 《사탄 및 타락한 천사들에 대한 구마 예식》에서 일반 신자들이 구마 기도문을 발췌해 사용할 수 없는 것입니다. 발췌해서 사용하는 것도 허락되지 않는데 《구마 예식서》의 전문을 활용하는 것은 더더욱 허락되지 않는 일이지요.

그리고 주교들에게 특별한 권한이 없는 사람이 구마 모임

---

6  덕을 행하도록 지도하는 사람이라는 뜻으로, 사제를 이르는 말입니다.

을 주도적으로 만들고 악마에게 직접 주문을 외워 악마의 정체를 밝히려 하는 일이 없도록 잘 살필 것을 당부했습니다. 이는 실제 부마 현상이 아닌 사례들에도 마찬가지로 적용됩니다. 그러나 신자들이 악에서 벗어나고자 주님이 가르쳐 주신 대로(마태 6,13 참조) 기도드리는 데에 이러한 교회의 경고가 걸림돌이 되어서는 안 됩니다. 그리고 같은 목적으로 《구마 예식서》에는 신자들이 사제의 안내에 따라 개인적으로, 혹은 공동체 차원에서 할 수 있는 일련의 예식과 기도가 부록으로 실려 있습니다. 이는 구마 사제들이 행하는 본래의 구마 예식과는 다른 것입니다.

《구마 예식서》에는 그리스도교 공동체가 고통받는 형제들에게 도움을 주는 것은 중요하고도 마땅한 일이라고 나와 있습니다. 하지만 기도 모임이 모호한 성격을 갖고 있거나 이 모임을 남용하는 일은 절대로 피해야 할 것입니다.

# 악마야 물렀거라

*Professione Esorcista*

인간의 오랜 원수인 너를 쫓아 버리니

하느님의 피조물인 (　　　)에게서 나와라.

우리 주 예수 그리스도의 이름으로 네게 명한다. 나와라.

주님께서 당신의 겸손으로 너의 교만함을 이기셨으며

당신의 관대함으로 너의 질투를 없애셨고

당신의 유순함으로 너의 폭력을 짓밟으셨다.

거짓의 아버지여, 영원히 입을 다물라.

하느님의 이 종(여종)이 주님을 찬미하고

그분께 감사하는 걸 더 이상 방해하지 마라.

성부의 지혜이며 진리의 광채이신

예수 그리스도께서 그것을 네게 명한다.
그분의 말씀은 영이며 진리이시다.

더러운 영이여, 그로부터 나와
성령께 자리를 내어 드려라.
하느님의 아들이며 인간의 아들이신
예수 그리스도께서 이를 네게 명한다.
그분께서는 성령의 업적으로 아무런 흠 없이
동정 마리아의 태중에서 나셨고
당신의 성혈로 모든 것을 깨끗이 하셨다.

그러므로 사탄아, 물러가라!
예수 그리스도의 이름으로 명하노니 물러가라.
그분은 강한 분이시며 하느님의 손가락으로
너를 추방하고 너의 왕국을 멸하셨다.
교회의 신앙과 기도로 명하노니 멀리 떠나가라.
거룩한 십자가의 권능으로 명하노니 도망쳐라.
온순한 어린양께서 우리를 위해

이 십자가에서 희생되셨나니.
우리 주님이신 예수 그리스도께서
우리를 너의 속박으로부터 해방시키셨다.
주님께서는 세세 영원히 살아 계시며 다스리시나이다.
아멘.[7]

오래된 구마 예식에 나오는 구마 기도를 드리며 악마에게 희생자의 몸에서 떠날 것을 명하던 아모르트 신부님의 강하고 확신에 찬 목소리가 아직도 귓가에 생생합니다.

'에소르치차레esorcizzare(물러가라)!'는 라틴어 동사 '엑소르치차레exorcizare'에서 유래된 말로 '엑스ex(밖)'와 '오르코스òrkos(맹세)'에서 유래된 그리스어 '엑소르키차인exorkizein'에 해당하는 말입니다. 하느님의 이름으로 사악한 영이 몸에서 나가도록 기도하는 것이지요.

아모르트 신부님은 몸집이 큰 편은 아니었습니다. 그러나 이 명령을 내릴 땐 교회의 모든 권위를 대신 떠안은 것처럼 보

---

7 《구마 예식서》의 기도문 중 일부입니다.

였습니다. 신부님의 그림자는 거인처럼 크게 비춰졌지요. '에소르치초 테$_{esorcizzo\ te}$'로 시작하는 이 기도문은 이른바 '장엄 구마 예식'이라 불리는 구마 예식에서 사용되는 기도문입니다. 장엄 구마 예식은 '예수님이 교회에 주신 영적 권한을 통해 마귀를 쫓아내거나 마귀의 지배력에서 벗어나는 것을 목적으로 하는' 전례 의식입니다. 유사한 구마 기도문들이 몇 가지 더 있는데, 문구는 서로 조금씩 다르지만 의미는 같습니다.

구마 기도문은 사탄에게 그가 시초부터 행한 모든 악행, 사탄에게 붙여진 '거짓의 아비', '인류의 적', '모든 악의 근원', '모든 고통의 원인'과 같은 칭호, 그리고 그리스도에게 패배한 모든 순간을 상기시킵니다.

"높으신 분의 권능으로 너는 이미 영원한 어둠으로 추락했다."

그러나 구마 예식을 할 때마다 이 기도문을 반드시 바치는 것은 아닙니다. 이탈리아 주교회의의 《구마 예식서》 서문에는 구마는 겸손과 확신에 찬 기도와 믿음으로 행해야 한다는 설명이 나와 있습니다. 그러므로 구마 예식 현장에 다른 신자들이 있다면, 그 신자들도 함께 열렬히 기도를 바쳐야 합니다. 가장 중요한 것은 구마 예식이 그 자체로 효력을 지니는 듯한 느낌을 주지 않는 것입니다. 이는 악마의 영향으로부터 해방되는 일이 '하느님이 원하실 때' 이뤄지기 때문입니다. 따라서 이탈리아 주교회의의 《구마 예식서》는 구마 예식에서 장엄 구마 예식의 '간청 기도문'을 우선적으로 활용하고, 사제가 적합하다고 판단할 때에만 추가로 이러한 명령형의 '구마 기도문'을 외우라고 규정하고 있습니다. 구마 예식이 사람들에게 일종의 구경거리가 되지 않게 하기 위해서입니다. 구마 예식은 오직 교회의 믿음으로 거행되어야 하며, 사람들에게 마술 행위나 미신 행위로 해석될 소지가 없도록 해야 합니다. 또한 구마 예식 현장에 통신 수단은 반입되어서는 안 됩니다. 그리고 사제와 참석자들은 구마 예식 전후로 신중을 기하여 관련 정보를 누설하지 않아야 합니다. 이는 구마 예식에 무언가 비밀스럽고 마술적인 요소가 있어서가 아니라, 구마 예식이 그만큼 중대하고 엄숙한 예식이기 때문입니다.

예식서에 따르면, 구마 사제들은 자신이 사악한 존재로부터 영향을 받고 있다고 호소하는 사람들의 이야기를 잘 살펴 부마 증세가 시작되었을 때의 정황들을 세세하게 파악해야 합니다. 가족들 또한 상황에 대해 가능한 한 정확하게 설명해 주어야 합니다. 이어서 구마 사제들은 악마의 존재를 확인하는 것과 함께 이들의 건강 검진 결과 또한 확인해야 합니다. 필요하다고 판단될 때에는 검진을 다시 받도록 하면서 신체적·심리적 원인들을 배제해 나가야 합니다. 또한 구마 사제는 필요하다고 판단될 때에는 이들에게 사제가 이끄는 치유 기도 모임이나 해방 기도 모임에 다닐 것을 권유할 수 있습니다.

《구마 예식서》는 구마 사제가 구마 기도뿐 아니라 동작에도 각별한 주의를 기울여야 한다고 규정하고 있습니다. 아모르트 신부님의 말씀대로 구마 예식은 가톨릭 신앙의 근본 원리에 대한 특별한 교리이기 때문입니다. 실제 구마 예식은 성수를 뿌리는 것으로 시작합니다. 성수는 세례로 주어진 정화를 상기시키는 상징이자, 적의 위험으로부터 신자들을 보호하는 역할을 합니다.

사제는 물을 예식 전에 축성할 수도 있고 예식이 진행되는 중에 축성할 수도 있습니다. 상황에 따라 소금 또한 축성할 수 있습니다. 그다음 성인 호칭 기도가 이어지는데, 모든 성인들의 전구를 통해 악마에게 시달리는 사람에게 하느님이 자비를 베풀어 주시기를 간구하는 것입니다.

그다음 구마 사제는 하느님의 보호를 간청하고 악에 대한 그리스도의 승리를 칭송하는 시편을 한 편이나 두 편 이상 낭독합니다. 그리고 다음으로 예수님의 현존에 대한 상징인 복음이 선포됩니다. 예수님은 그분이 직접 하셨던 말씀을 통해 인간의 고통과 만나시며 우리에게 뱀을 쫓아낼 힘을 주십니다. 그리고 사제는 신자에게 안수를 하며, 세례를 통해 하느님의 성전이 된 이 사람의 몸에서 악마가 떠나게 해 달라고 성령께 간구드립니다. 예수님이 악마에 씌인 사람을 치유하실 때나 악마를 쫓아내실 때 행하시는 것으로 성경에서 자주 나오는 동작입니다.

한편 아모르트 신부님은 이 '안수'에 관하여 아주 신중해야 한다고 경고했습니다.

"어떤 이들은 기도 중에 기도 대상의 머리나 어깨에 모두가 손을 얹어야 한다는 강박적인 생각을 갖고 있습니다. 성경에 많이 나오는 동작이긴 하지만, 부마된 사람에게 손을 얹는 행위는 사제나 기도를 주도하는 사람만 하는 편이 좋습니다. 나머지 사람들이 꼭 무언가를 하고 싶다면 축복받는 자를 직접 만지지는 않으면서 그를 향해 오른손이나 양팔을 들어올릴 수 있습니다."

구마 사제는 악마에게 씌인 사람의 얼굴에 숨을 내쉬기도 합니다. 이는 라틴어로 '엑수스플라티오 exsufflatio', 즉 '입김을 불어넣음'이라고 불리는 예식으로, 하느님이 흙의 먼지에서 빚어 아담을 창조하셨을 때 아담에게 숨을 불어넣으셨음을 상징하는 동시에, 주님은 악마가 어둠과 죽음을 바라는 곳에도 생명을 새로 나게 하실 수 있음을 의미합니다. 이 동작을 한 다음에는 사도신경을 읊거나 사탄을 끊을 것을 약속했던 세례성사를 새로이 합니다. 그다음으로 하느님께 악마에게서 우리를 구해 달라고 간구드리는 기도가 이어집니다.

성수 축복, 안수, 입김을 불어넣음, 다음은 마침 예식입니다. 구마 사제는 악마에게 고통받는 신자에게 축복과 은총의 샘인 십자가를 내보이고, 그에게 성호를 그음으로써 악마에게 승리하신 그리스도의 권능을 드러냅니다.

오직 이 시점에서만 사제는 하느님께 간구드리는 간청 기도를 바칩니다. 물론 필요할 때에는 악령에 씌인 사람의 몸에서 떠나라고 주님의 이름으로 악마에게 명하는 구마 기도를 바칠 수도 있습니다. 구마 예식에서 간청 기도는 늘 바치지만, 명령형의 구마 기도는 필요한 경우에만 행합니다.

끝으로 감사와 기도, 강복으로 구마 예식을 마칩니다. 악령에 씌인 사람이 완전히 해방되지 않았다면 구마 예식을 한 자리에서 여러 번 반복할 수도 있습니다. 물론 다음번에 다시 진행할 수도 있지요. 나는 한꺼번에 여러 번의 구마 예식을 반복한 적은 거의 없습니다. 구마 예식은 30분 가까이 걸리기 때문에 평소에도 악마에게 시달리느라 제대로 휴식을 취할 수 없었던 사람들은 쉽게 지쳐 버립니다. 나는 '고통받는 사람'과 매주 한 번씩 주기적으로 만납니다. 한 사람이 악마에게서 벗어나는 데에는 보통 오랜 시간이 걸립니다.

수천 번 구마 예식을 진행한 아모르트 신부님도 몇 달 혹은 일이 년 안에 어떠한 결과를 보는 경우는 매우 드물다고 단언했습니다. 대략 심각한 정도가 보통 수준인 경우라면 사오 년간 매주 구마 예식을 드립니다.

## 제 이름은
*Professione Esorcista*

구마 예식은 부마된 사람 안에 있는 악마에게 이름을 밝히도록 하고 있습니다. 이는 매우 중요한 일입니다. 악마가 이름을 밝히는 것은 사실 자신의 약점을 보이는 것이기 때문입니다. 악마가 자신의 이름을 밝힌다면 구마 예식은 효과를 보고 있는 것입니다. 또한 악마가 밝힌 이름이 성경에 나오는 이름이 아니라면, 악마를 패배시키기가 더욱 쉽습니다. 구마 사제들은 이를 통해 게라사에서 더러운 영이 들린 사람에게 다음과 같이 물으셨던 예수님을 본받고 있는 것입니다. 예수님은 그 사람 안에 있는 더러운 영에게 이렇게 물으셨습니다.

"네 이름이 무엇이냐?"(마르 5,9)

그러자 그 영은 이렇게 대답했습니다.

"제 이름은 군대입니다. 저희 수가 많기 때문입니다."(마르 5,9)

아모르트 신부님과 함께한 구마 예식 중에 나도 똑같은 대답을 들었습니다. 그래서 주님의 제자들 및 초기 그리스도 공동체의 증언들과 복음의 내용들이 모두 진실임을 확인할 수 있었습니다. 이렇게 '악마의 작용'을 통해 그러한 내용이 진실임을 간접적으로 확인하게 된다는 것이 참으로 역설적이긴 합니다.

한편, 때로는 악마의 이름이 사탄, 루치펠, 베엘제불, 아스모대오스 등 성경에 나오는 이름이기도 합니다. 이 경우 구마 사제에게 맞서는 악마의 저항력은 아주 강합니다. 사탄은 특정 지역, 국가, 도시 및 문화권에 대한 '관리'를 특정 악마들에게 할당했습니다. 그래서 이 악한 피조물들은 자신이 맡은 지역에 사는 사람들을 하느님에게서 멀어지는 길로 데려가려 애씁니다.

악마들의 이름은 '파멸, 멸망, 몰락' 등 악마가 추구하는 목적을 나타내거나, '불면, 공포, 불화, 시기, 질투, 음란' 등 악 자체를 직접적으로 나타내기도 합니다.

"십자가 밑으로 가라. 예수 그리스도께서 네가 가야할 곳을 일러 주실 것이다."

아모르트 신부님이 악마에게 명령했습니다. 예수님은 하느님께 최종 판결 권한을 받으셨기 때문입니다. 영혼에서 나온 악마들이 향하게 되는 운명은 대체로 '지옥'입니다.

토빗기에는 라파엘 대천사에 의해 사막 한가운데에 묶인 아스모대오스의 이야기가 나옵니다. 아스모대오스의 특기는 가족을 공격하는 것입니다. 아스모대오스는 사라가 남편과 첫날밤을 치르기 전에 그에게 빙의하여 남편을 죽여 버립니다. 이런 일이 일곱 번 반복되었습니다. 구마 예식 중에 종종 이 아스모대오스가 나타나기도 합니다. 나도 아모르트 신부님, 바몬테 신부님과 구마 예식을 함께하다가 몇 차례 아스모대오스와 만난 적이 있습니다. 그중에 특별히 기억나는 사례는 다음과 같습니다.

서로 깊이 사랑해 혼인을 준비하던 젊은 연인이 있었다. 여자 쪽이 악마의 횡포로부터 벗어나기 위해 구마 예식을 받고 있었지만, 이것이 그들에게는 전혀 장애가 되지 못할 정도로 둘은 매우 사랑하는 사이였다.

그러나 혼인성사를 향해 나아가는 연인의 모습을 아스모대오스가 반길 리 없었다. 혼인을 하려는 연인들에게 격분한 아스모대오스는 아모르트 신부님에게 엄포를 놓았다.

"이들의 결혼식을 막지 않으면 이 여자는 죽을 거야!"

이는 분명 거짓말쟁이 악마가 하는 협박이었다. 그들이 결혼한 후에도 그런 일은 결코 일어나지 않았다.

타락한 천사들은 이제 모두 악마입니다. 하지만 그중에서도 어둠의 왕자는 오직 하나, '사탄'입니다. 우리는 얼마나 많은 악마가 있는지 알지 못합니다. 하지만 몇몇 악마의 이름은 분명히 알고 있습니다. 아모르트 신부님과 구마 예식을 하면서 나는 때때로 성경에 나오지 않는 낯선 악마의 이름도 들었습니다. 한 사람에게 여러 악마가 들어와 있을 수도 있는

데, 보통 가장 약한 악마부터 자신의 정체를 드러내기 시작합니다. 악마들끼리 서로 배신하는 일도 일어납니다.

"아스모대오스가 말하지 말라고 했어."

악마의 계급이 높을수록 쫓아내는 것은 더욱 어렵습니다. 한마디로 성경에 나오는 악마일수록 더 강합니다. 예를 들어 성경에서 제자들이 쫓아내지 못한 것처럼 벙어리 영은 몰아내기 어려운 악령입니다. 그리고 성경에 나오지 않는 아스타로드라는 악마보다 아스모대오스는 훨씬 더 힘이 강한 악마입니다.

구마 예식을 이탈리아어로 번역한 아모르트 신부님은 가장 강력한 악마들의 저항을 무너뜨리기 위해서 구마 예식의 긴 여정이 효과가 있다고 보았습니다. 모든 성인의 호칭 기도, 성경 낭독, 기도와 축복으로 구성되는 이 긴 예식이 악마들을 약하게 만드는 효과가 있다는 것입니다. 같은 이유로 구마 예식으로 악마가 충분히 약해졌을 때 "네 이름이 무엇이냐?"라는 질문을 던지면 악마의 이름을 듣는 게 쉬워집니다. 그래서 이 예식의 마지막 부분에 이 구마 기도문이 나옵니다.

한편 어떻게 한 악마가 다른 악마들보다 인간을 더 강하게 지배할 수 있는 것인지 우리는 알지 못합니다. 다만 이는 오직 하느님이 허락하셨기에 일어날 수 있는 일입니다. 하느님은 당신의 피조물이 불행해지는 것을 원하지 않으시지만 당신의 피조물이 스스로 악에 가까워져 파멸할 수 있는 자유와 책임 또한 주셨습니다.

그러나 우리는 성경을 통해 알고 있습니다. 악마는 인간의 육체를 점령할 수 있을 뿐입니다. 인간 스스로가 영혼을 내어주지 않는 이상 악마는 영혼을 점령할 수는 없습니다. 욥기를 통해 우리는 심각한 불행과 악으로 괴롭힘 당했던 한 의로운 자의 이야기를 알고 있습니다. 욥기에서도 전능하신 하느님은 당신 종이 악에게 시달리는 것을 원하지 않으셨지만, 욥의 믿음을 시험에 들게 하셨습니다.

# 제 아내를 원래대로 돌려 주세요

*Professione Esorcista*

구마를 하는 장소는 때때로 문제가 될 수 있습니다. 이탈리아 주교회의가 발간한 《구마 예식서》에는 다음과 같이 나옵니다.

"구마는 되도록 성전이나 사람들이 많지 않은 적절한 장소에서 시행합니다. 구마를 하는 장소에는 십자고상이 잘 보이게 걸려 있어야 합니다. 성모상도 있는 것이 좋습니다."

자매단에 있는 본당에는 객실이 하나 있습니다. 그러나 나는 그곳을 구마 장소로 사용할 수 없었습니다. 객실이 교회와 바로 연결되어 있어 미사를 드리러 온 어르신들이나 아이들이 갑자기 객실 문을 열 수 있기 때문입니다. 구마를 하다 보면 종종 악마에게 씌인 사람이 특히 괴팍한 모습을 보이는 사례가 있는데, 이렇게 갑자기 문을 열 수 있으면 그러한 모습을 본 사람이 크게 놀랄 우려가 있습니다. 그리고 구마 대상을 위해 필수적으로 동반되어야 할 기밀 유지 또한 지켜지기 어렵습니다.

그래서 나는 구마를 나의 집에서, 그리고 내가 일하고 기도하며 친구들을 만나는 나의 연구실에서 행하고 있습니다. 가끔씩 사람들은 나에게 무섭지 않느냐고 물어봅니다. 그러나 이는 조금 재미있는 질문입니다. 악마는 어떤 집에서 구마 예식을 한다고 해서 그 집에 전염되는 바이러스 같은 것이 아닙니다. 사실 이런 논리라면, 언제나 구마 예식을 할 때에는 강복이 따르는 만큼, 오히려 구마를 하는 내 집이야말로 악의 영향에서 가장 보호받는 곳이겠지요! 나는 내 방 입구 쪽 벽면에 프레스코화를 직접 그려 놓고 그 그림에 《로마 예식서》의 축복 예식에 나오는 강복 내용을 함께 적어 놓았습니다.

"전능하신 주 하느님, 이 집을 강복하시어, 저희가 건강하고 정덕과 겸덕의 승리를 이루며 착하게 살게 하소서. 그리고 이 강복이 세기를 통해 영원히 머물게 하소서. 아멘."[8]

취침 전 나는 프레스코화 앞에서 이 기도를 드리며 집을 축복합니다.

아모르트 신부님도 로마에서 악마 때문에 고통받는 사람들을 면담하다가 장소에 대한 문제를 겪은 적이 있다고 했습니다. 문제는 악마가 아니라 사람이었습니다.

아모르트 신부님은 수년 동안 로마 중심에 위치한 어느 성당에서 구마를 했습니다. 그 성당 앞에는 호텔이 하나 있었는데, 악마 들린 사람의 몸에서 악마들이 '쫓겨나면서' 내는 비명 소리가 그 호텔에 들렸습니다. 이러한 소리를 듣는 것은 호텔을 운영하는 사람들이나 그 호텔에 묵는 손님들에게 분명 달가운 일이 아니었습니다. 신부님은 구마 장소를 옮겨 달라는 압박을 받았지요. 결국 신부님은 바오로 수도회의 본부가 있는 알레산드로 세베로 거리의 작은 거실로 이동해야 했

---

[8] 《로마 예식서》의 축복 예식에 나오는 강복 기도문으로 현재 우리나라에서 사용하고 있는 축복 예식 기도문과는 다릅니다.

습니다. 그리고 신부님은 그 거실 위층에 머물렀지요.

나는 신부님의 방에 자주 갔습니다. 그 방에서 아모르트 신부님과 함께 찍은 사진들은 지금도 내 연구실에 걸려 있습니다. 사진에는 아모르트 신부님이 내게 증명서를 수여하는 장면이나 본인의 손때 묻은 《구마 예식서》를 선물해 주는 장면 등이 담겨 있습니다. 아모르트 신부님은 이제 하늘나라에 있습니다. 나는 신부님이 사진 속에서 나를 보고 있다고 느끼고, 신부님이 오랜 세월 싸워 오던 악마에게서 나를 보호해 준다고 느낍니다!

아모르트 신부님이 구마 예식을 행할 때 꼭 지켰으면 한다고 권고한 사항이 있습니다. 그것은 부득이한 경우가 아니라면 구마 예식 중에 악마에게 고통받는 사람과 단둘이 남지 말라는 것이었습니다.

나중에야 나는 이것이 얼마나 사려 깊은 조언이었는지를 경험을 통해 몸소 깨닫고는, 구마 예식 때 곁에서 나를 도와줄 기도 모임을 만들었습니다. 기도 모임의 구성원들은 교구 본당을 열심히 다니고 성사를 자주 보는 50세 이상의 어르신들이었습니다. 모두 가톨릭 신앙의 기초가 튼튼한 분들이었지요. 기도 모임의 일부 구성원에게는 특정한 준비를 시키기도 했지만, 이 기도 모임에 참여할 수 있는 전제 조건은 단 한 가지뿐이었습니다. 기도 모임에 참여하고자 하는 동기가 불건전한 호기심이 아니기만 하면 되었습니다.

이 또한 내가 아모르트 신부님에게 배운 점입니다. 다른 사람들과 달리, 아모르트 신부님은 기도 모임을 소수 정예의 폐쇄적인 모임으로 만들려 하지 않았습니다. 불순한 의도만 아니라면 함께하려는 사람들을 모두 환영해 주었습니다.

구마 예식을 보조하는 사람들은 기도에 대한 믿음과 이웃을 돕고 싶다는 마음이 있어야 합니다. 구마 예식은 성사가 아닌 준성사이기 때문에, 악마 때문에 고통받는 당사자와 구마를 하는 구마 사제, 그리고 곁에서 기도로 돕는 이들의 믿음이 크면 클수록 효력도 크기 때문입니다.

보조자들의 임무는 기도를 통해 나를 돕는 것이었습니다. 한편 보조자들은 구마 예식에 개입은 전혀 하지 않습니다. 구마 사제가 부마된 사람과 말을 하고 있을 때, 구마 예식 현장에 있는 다른 이들은 아무것도 할 수 없습니다. 구마 예식은 악마와 나누는 화기애애한 대화가 아니기 때문입니다. 이탈리아 주교회의의 《구마 예식서》에서는 구마 예식에 적합한 사람들이 참여한 경우 기도문이 있는 기도든 그렇지 않은 기도든 이들이 악마로 인해 고통받고 있는 형제를 위해 열심히 기도를 바치도록 권고해야 한다고 규정합니다. 그러나 사제만 바칠 수 있는 간청 기도문이나 명령형 구마 기도문은 보조자들이 외우지 못하도록 해야 한다고 나와 있습니다.

당연할지도 모르겠으나, 사람들은 구마 예식에 참여해 줄 것을 처음 제안받으면 조금 당혹스러워합니다. 어떤 사람은 자신이 이러한 임무를 맡아도 되는지, 자신이 그만큼 강한 믿음을 지녔다고 여기는지를 내게 되묻곤 합니다. 또 어떤 사람은 자신에게 불쾌하고 해로운 일이 일어날까 봐 지레 겁을 먹기도 합니다.

한번은 비상 상황이 생겨 한 사제와 아주머니에게 구마 예식에 참여해 줄 것을 부탁드렸습니다. 하지만 한 번 참석해 보고는 나중에 내게 다시는 이런 일과 엮이지 않게 해 달라고 당부했습니다. 악마가 드러내는 현상들을 눈앞에서 직접 보고는 너무 놀랐던 것입니다. 구마 예식 중 일어나는 '비범한' 일들은 나중에는 평범한 일처럼 여겨집니다. 하지만 이런 것들을 처음 접할 때는 누구나 두려울 수 있지요. 이는 지극히 정상적인 반응입니다.

한편 보조자들은 구마 예식을 통해 자신들이 예상하지 못했던 효과를 얻었다고 입을 모아 말합니다. 보조자들 스스로 신앙심이 더 커지고 강해졌으며 성숙해졌다고 느낀다는 것입니다. 나는 보조자들이 구마 중에 일어날 수 있는 문제들을 방지해 주는 꼭 필요한 분들이라고 생각합니다.

구마 예식 중에 악마에게 고통받는 사람과 혼자 남지 말아야 한다는 아모르트 신부님의 조언을 실감하게 된 것은 다음과 같은 사례 덕분입니다.

장크트갈렌에 사는 부부가 딸과 함께 자메단으로 찾아왔다. 온두라스 출신인 부인은 자신의 고향에서 활동하던 후안이라는 마술사가 마술을 행해 자신이 악령에게 사로잡혔다고 생각하고 있었다. 남편과 함께 왔기 때문에, 나는 별다른 보조자가 필요하지 않다고 생각했다.

나는 구마 예식을 시작했고, 부인은 곧 트랜스 상태

에 빠졌다. 그 모습은 진짜 부마가 된 사람과 같았다. 그러나 부마 예식이 계속 진행되어도 부인의 목소리나 몸짓을 통해 악마의 모습이 나타나지 않았다. 그의 집안에 마술을 시행하는 사람이 있었기 때문에 나는 부인에게 정말 악령이 들렸을 법도 하다고 생각했다. 며느리를 질투하는 시어머니가 점쟁이나 마술사의 힘을 빌리는 경우는 생각보다 많기 때문이다. 부인이 보이는 몇 가지 반응 역시 그런 생각이 들게 했다.

그러나 부마 징후 가운데 어떤 것은 위조할 수 없다. 구마 예식 중에 나는 그것을 깨달았다. 부인이 겪고 있는 문제는 심리적인 문제라는 것을 알게 된 것이다. 하지만 난관이 생겼다. 구마 예식이 끝났는데도, 부인이 깨어나지 않는 것이었다. 부인을 아무리 깨우려 해도 반응이 없고 움직이지도 않았다. 긴장성 분열증이었다.

"신부님, 제 아내를 원래대로 돌려 주세요."

남편은 절규했다. 순간 두려워졌다.

'이게 무슨 일이지? 내가 무슨 실수라도 했나? 아내를 실성시켰다고 남편이 나를 고소할 수도 있는데, 그러면

나는 어떻게 변호해야 하지?'

그러나 나는 남편에게 침착하게 말했다. 내 말이 부인의 귀에도 들어가 그가 안정을 찾고 불안한 심리 상태에서 벗어날 수 있도록 하기 위해서였다. 나는 부인이 알아들을 수 있도록 천천히 남편에게 말했다.

"모두 잘 끝났습니다. 구마 예식이 효과를 보았어요. 더 이상 아무것도 할 필요가 없습니다. 이제부터 후안은 당신에게 아무런 힘도 행사하지 못할 거예요."

그러자 어딘가에 숨어 있던 부인은 다시 돌아왔다.

그날 이후로 나는 보조자들 없이 구마 예식을 진행하지 않게 되었습니다. 보조자들은 희생자에게 위안을 주는 역할도 합니다. 악마에게 시달리고 있는 사람들에게 자신이 혼자 내버려져 있지 않다고 느끼게 해 주는 것은 아주 중요한 일입니다.

악마에게 시달리는 사람은 쉽게 지칩니다. 또한 악마와 관련된 특수한 고통을 가까이에서 지켜보는 가족들도 쉽게 지칩니다. 그래서 악마에 시달리는 사람들은 자신들이 영원한 저주를 선고받았다는 두려움 속에 살아갑니다. 그리고 악마는 이 두려움에 불을 지핍니다. 악마는 주님이 그들을 버리실 것이라 믿게 만드는 일에 가장 심혈을 기울이기 때문입니다.

한편 구마 사제들의 수는 많지 않고, 심지어 수백 킬로미터 이상 떨어져 있기도 합니다. 그래서 악마에게 고통받으면서도 구마 사제와 자주 만날 수 없는 경우가 많습니다. 이러한 경우 자신이 홀로 외롭게 내버려져 있다고 느끼기 쉽습니다. 보조자들은 이러한 사람들에게 말 상대가 되어 주고 곁에서 성경 묵상과 기도를 함께해 주는 역할을 합니다. 이처럼 주님은 악에서도 언제나 선을 만들어 내실 수 있는 분입니다.

## 명백한 부마의 징후

*Professione Esorcista*

실제 부마가 된 경우 희생자는 아무것도 할 수 없습니다. 악마는 부마된 사람의 몸에 머물면서 특정한 순간에는 그의 몸을 자신의 것처럼 움직이고 그의 입을 통해 말을 합니다. 영화에서 자주 나오는 이러한 장면은 드물긴 하지만 현실에서도 실제로 일어나는 모습입니다.

그러나 구마 예식을 수천 번이나 했던 아모르트 신부님도 실제 부마 사례는 그중에서 몇 백 건 정도였다고 말했습니다. 그리고 악마가 몸을 사로잡을 수 있어도 영혼까지 사로잡을 수 없다는 점은 꼭 강조되어야 할 사실입니다. 일부 성인들에게도 마귀가 들린 적이 있습니다. 그러나 이를 이유로 성덕을 잃지는 않았습니다. 서로 조금씩 다를 수 있지만, 부마 현상은 관행적으로 4가지 명확한 징후로 식별할 수 있습니다.

첫째로 **신성하거나 종교적인 것에 보이는 혐오감**입니다. 악마가 머물고 있거나 악마의 괴롭힘을 당하고 있는 사람에게 성수를 뿌리면, 그 사람은 마치 뜨겁게 달궈진 쇠에 닿은 것처럼 매우 흥분하며 몸부림칩니다. 성경, 성화, 십자가 등 성물이나 축성된 물건을 보게 되거나 그 물건이 닿았을 때에도 같은 반응을 보입니다. '엄밀한 검증'을 위해 구마 사제들은 악마에게 시달린다고 여겨지는 사람을 일반적인 물로 닦아 봅니다. 일반적인 물로 닦을 때 악마에게 시달리고 있는 사람은 어떠한 분노나 두려움도 보이지 않습니다.

또 다른 아주 중요한 징후는 **배운 적이 없는 언어를 말한다**는 것입니다. 구마를 하다 보면 종종 부마된 사람이 트랜스 상태에 빠졌을 때 그리스어, 라틴어, 아람어 등 고대의 언어나 배운 적이 없는 외국어를 구사하는 경우가 있습니다. 그리고 정신이 들면 자신이 방금 전에 사용했던 언어를 말할 줄도 이해할 줄도 몰라 합니다. 이런 까닭에 이는 비교적 분명히 드러나는 징후이지요. 때로는 구마 사제조차 이해하지 못하는 말을 할 때도 있습니다.

부마를 암시하는 또 다른 징후는 **당사자의 나이나 신체 조건에서 나올 수 없는 괴력**입니다. 구마를 받던 사람은 갑자기 엄청난 힘을 행사하면서 물건을 던지고 사람들을 멀리로 내동댕이치고는 합니다. 구마 예식을 하면서 악마에게 고통받는 사람들을 움직이지 못하도록 압박 벨트로 고정하는 일이 괜히 잦은 것이 아닙니다. 그들을 붙들 수 있는 누군가의 도움을 받아 자해를 하거나 주위 사람들을 다치게 하지 못하도록 막는 일은 구마 예식에서 늘상 있는 일입니다. 아모르트 신부님과 구마 예식을 거행하면서 악마가 신부님을 조롱하는 모습을 얼마나 많이 보았는지 모릅니다. 부마된 사람이 트랜스 상태에 빠졌을 때 마치 뱀처럼 방바닥을 빠르게 기어 다니는 모습을 본 적도 있습니다.

부마가 되었다는 가장 분명한 징후는 **멀리에서 일어났거나 알려지지 않은 일에 대해 안다**는 것입니다. 부마된 사람이 밝히는 이러한 숨겨진 사실들은 반드시 꼭 나쁜 내용이어야 할 필요는 없습니다. 오로지 다른 사람들이 알지 못하는 사실이면 됩니다. 초자연적인 존재의 영향을 받지 않았다면 사람이 절대로 이해할 수 없는 일을 말하는 것입니다.

드물지만 **공중 부양**도 실제 일어나는 일입니다. 국제 구마 사제 협회의 전직 협회장이기도 한 잔카를로 그라모라치Giancarlo Gramolazzi 신부님이 관련된 사례를 언급했던 적이 있습니다. 신부님은 부마된 사람이 바닥에 떨어진 뒤, 땅에서 몇 센티미터 떠오르더니 뱀처럼 아주 민첩하게 움직이기 시작했다고 증언했습니다.

구마 사제는 위와 같은 징후들을 아주 주의 깊게 인식하고 식별해야 합니다. 이 때문에 구마 사제는 단순히 구마 주문을 반복하기만 해서는 안 됩니다. 오히려 자신이 맡은 사람을 이해하는 능력을 갈고닦아 그 사람을 가장 좋은 방법으로 도우려 해야 하지요.

나는 구마 사례를 놓고 로마 최고의 정신과 의사이자 가톨릭 심리학자인 토니노 칸텔미Tonino Cantelmi와 의견이 대립한 적이 있습니다. 종종 구마 사제들은 부마를 더 정확하게 식별하기 위해 사람들의 심리적 특징에 대해 전문가의 의견을 구합니다. 그러다 보면 부마 현상을 믿지 못하는 일부 정신과 의사들과 대립할 때가 있지요. 악의 영향을 호소하며 구마 사제의 도움을 청하는 이들에게 정신과 의사들은 일반적으로 '정신 분열증'이라는 진단을 내립니다. 그러나 부마를 식별하는 네 가지 징후, 특히 숨겨진 사실들에 대한 지식이라는 경계선은 엄연히 존재합니다.

나는 주교님이 임명하여 구마 사제직을 수행해야 하거나 악마에게 시달리는 사람들을 돕고자 하는 사제에게 가장 필요한 것은 무엇보다 거룩한 생활과 신중함이라는 덕목이라고 생각합니다. 그리고 뛰어난 식별력을 발휘할 수 있도록 심리 문제 및 정신 질환에 대해 상당히 잘 알고 있어야 한다고 생각합니다. 이와 함께 인간의 영성, 역동적인 '내면의 광장'에 대한 이해도 동반되어야 합니다. 물론 이러한 노력을 다하더라도 때로는 100퍼센트 확신을 갖고 식별하기가 어려울 때가 많다는 점을 명심하기 바랍니다.

# 정신적인 문제와 부마의 징후

*Professione Esorcista*

몇 년 전 로마에서 있었던 일이다. 나는 조르조Giorgio라는 소년을 알게 되었다. 조르조의 집을 자주 방문하던 한 형제가 내게 조르조에 대해 귀띔을 해 준 것이다. 그는 로마 교구의 구마 사제가 손을 놓은 사례였다.

조르조에게는 말 못할 사연과 심리적인 문제들이 있었다. 조르조의 외가는 매우 부유한 집안이었는데 조르조의 아버지는 어머니에게 재산이 많다는 것을 노리고 접근한 사람이었다. 그는 조르조의 어머니와 결혼한 후 엄청난 돈을 빼앗고는 아내와 두 자녀를 아무런 가책 없이 버렸다. 그래서 조르조와 그의 어머니는 모두 정신적으로 외롭고 피폐해졌다. 누군가에게 이용당하기 쉬운 상태가 된 것이다.

조르조에게 본격적으로 문제가 발생한 것은 그와 어머니가 가짜 사제가 집전하는 미사에 참석하면서부터였다. 사제는 축복의 대가로 돈을 요구했다. 그러나 소년은 축복의 대가로 돈을 요구한다면 무언가 잘못되었다는 의미라는 것을 알지 못하고 돈을 내고 가짜 사제에게 자신을 축복해 달라고 부탁했다.

그때부터 조르조에게 이상한 현상이 나타나기 시작했다. 조르조는 이전부터 특정한 심리적 문제를 지니고 있었다. 그래서 지속적으로 치료받고 있었다. 그런데 가짜 사제에게 축복받은 뒤로는 다른 문제가 나타나기 시작했다. 자신이 악마의 표적이며 악마에게 갖은 괴롭힘을 당하고 있다고 느끼게 된 것이다.

당시 아모르트 신부님은 너무나 바빴다. 그래서 조르조의 사례는 내가 맡게 되었다. 하지만 나는 로마 교구의 구마 사제가 아니었기에 조르조를 위해 구마 예식을 거행할 수는 없었다. 다만 해방 기도만 바칠 수 있을 뿐이었다. 그런데 해방 기도를 바치는 도중에 조르조가 갑자기 돼지같이 꿀꿀대기 시작했다. 부마의 징후가 나타난 것이다. 그래서 나는 결국 아모르트 신부님에게 조르조의 사례를 맡아 달라고 부탁해야 했다.

신부님은 조르조에게 구마 예식을 거행했다. 그러자 조르조에게서 부마의 징후가 분명하게 드러났다. 이제 조르조에게 도움이 필요하다는 것은 확실해졌다. 그러나 어떻게 구마를 해야 할지는 판단하기 어려웠다. 아모르트 신부님은 조르조를 지켜보고는, 정말 다루기 까다로운 사례에 해당한다고 말했다. 쇠약해진 심리 상태와 악마의 사악한 작용이 교차하고 있기 때문이었다. 악마의 소행이 어디까지고, 조르조 개인의 정신 이상 증세가 어디까지인지가 문제였다.

나는 스위스로 떠나야 했기에 더 이상 조르조의 곁에 있을 수 없었다. 그래서 다른 형제에게 1년 간 구마 직무를 수행할 수 있다는 허락을 받은 후 이 소년의 사례를 맡아 달라고 부탁했다. 이 소년의 해방 여정에 함께해 달라고 청한 것이다.

이는 악마가 괴롭히는 증상과 개인의 심리적 특성의 문제를 서로 구분하기가 정말 어려웠던 사례입니다. 이러한 사례들 때문에 구마 사제는 정신 분야에 대해 깊이 알아야 합니다. 깊이 알면 알수록, 구마라는 자비의 직무를 보다 철저히 행할 수 있을 테니까요.

한편 자신이 정신적인 문제를 겪고 있다고 생각한 사람에게 부마의 징후가 드러나는 경우도 있습니다.

> 로마에 있을 때 일어난 일이다. 한 여성이 친구의 조언에 따라 교구의 구마 사제를 찾아왔다. 그는 어렸을 때 세례를 받았지만 당시에는 어떤 종교도 믿지 않는 무신론자였다.
>
> 그는 어느 순간부터 남편과 아들을 죽이고 너도 자살하라고 재촉하는 어떤 목소리를 듣고 있었다. 그는 자신이 정신적으로 이상해졌다고 생각했기에 정신과 의사를 찾아갔다. 하지만 의사는 그의 정신 상태에 아무 이상이 없다며 어떤 치료도 필요하지 않다고 말했다.
>
> 그러던 어느 날, 그는 옷장을 열다가 자신의 옷이 죄

다 벌레에게 갉아 먹혀 있는 것을 발견했다. 같은 옷장에 있던 남편의 옷들은 멀쩡했는데 그의 옷만 그렇게 되었던 것이다. 하지만 집안을 샅샅이 살펴봐도 벌레는 한 마리도 발견되지 않았다. 참으로 설명하기 어려운 현상이었다. 그의 친구는 이를 듣고 그에게 구마 사제를 찾아가 보라고 했고, 결국 구마 사제는 그에게서 부마의 징후를 발견했다.

이 여성은 천사도 악마도 믿지 않는 사람이었지만 이제 그는 해방되었고, 그리스도인이 되어 매주 성당에 다니고 있습니다.

# 3

## 악마에게 맞서다

## 식별

*Professione Esorcista*

나는 여러 경험을 통해 사람들이 종종 자신의 마음을 잘 들여다 보지 못하고 어려운 문제와 정직하게 마주하지 못한다는 것을 알게 되었습니다. 차라리 악마가 자신의 어깨에 내려앉아 있으며 자신을 점령하려 한다고 믿는 편이 더 쉽다고 여기는 것입니다. 때로는 마음속에 숨겨 놓고 있는 죄책감 때문에 이러한 태도를 보입니다. 그래서 사제, 특히 구마 사제들은 눈앞에 있는 사례가 정말로 악의 영향으로 인한 문제인지, 심리적 불안으로 인한 문제인지 잘 구별해야 합니다.

어느 날 이탈리아 발텔리나Valtellina 출신의 한 남성이 스위스 국경을 넘어 나를 찾아왔다. 이 남성은 자신에게 악마가 머물고 있다고 확신하고 있었다. 남성의 이야기는 다음과 같았다.

그는 자신은 유부남인데도 얼마 전부터 젊은 과부와 교제를 하고 있다고 했다. 그는 이 관계를 정말 끝내고 싶은데 끝내지 못하고, 자꾸만 밀회를 갖게 된다고 했다. 그는 이 불륜 관계에서 벗어나지 못하는 까닭이 악마가 자신에게 계속해서 잘못을 저지르도록 부추기고 있기 때문이라고 여겼다. 그래서 내게 구마 예식을 해 줄 것을 요청했다. 더 이상 죄를 짓지 않으려는 '굳은' 의지에도 불구하고 악의 존재가 너무나 강해 어찌할 수가 없다는 이유였다.

나는 그에게 자기 자신과 부인, 가족에 대해 자세히 말해 달라고 했다. 그는 죄책감으로 혼란스럽고 쇠약해진 상태였다. 사실 이들의 결혼 생활은 오래 전부터 위기를 맞고 있었다. 남성이 바람을 피우자 부인은 그를 크게 원망한 것이다. 남성 또한 가톨릭 신자로서 자신이 바람을 피운다는 사실에 크게 실망하고 있었다. 그래서 내연녀가 자신에게 마술을 걸어 이런 부도덕한 관계에

얽히게 된 것이라고 책임을 다른 곳에 전가하고자 했다. 나는 남성에게 구마 예식 대신 고해성사를 해 주었고 악을 이겨 낼 힘을 달라고 그와 함께 기도를 드렸다.

구마 예식을 행하기 위해서는 충분한 증거들이 필요합니다. 구마 예식은 함부로 행할 수 있는 것이 아니기 때문입니다. 내가 무엇보다 강조하는 것이 있습니다. 악마가 어디에나 있는 것은 아니지만 그렇다고 악마를 함부로 자극하는 것도 좋지 않다는 것입니다.

이탈리아 주교회의의 《구마 예식서》 서문은 사제가 마술이나 사탄주의, 미신의 확산에 직면하여 신자들이 '모든 이상 증세나 어려움을 악마의 개입이라고 무분별하게 믿는 것'을 막아야 한다고 말합니다. 동시에 어떤 식으로도 이 세상에 개입할 수 있는 악마란 존재하지 않는다고 못 박는 이성주의적 태도도 지양되어야 한다고 말합니다.

나는 베드로 사도가 말했던 것처럼 '으르렁거리는 사자처럼 누구를 삼킬까 하고 찾아 돌아다니는' 악마에 대해 선명한 이미지를 늘 마음속에 새기고 있습니다. 구마 사제는 언제나 신중히 '식별'해야 합니다. 교회는 구마 사제에게 올바른 식별력을 지닐 것을 끊임없이 요청합니다. 주교는 이미 임무 수행에 필요한 "신심과 학식과 현명과 생활이 완벽한 탁덕"에게만 특별 허가를 내립니다. 그러나 악마가 개입했다고 여겨지는 사례일수록 구마 사제들은 다시 한번 '어느 때보다도 더욱 필사적으로 조심하고 최대한 신중할 것'을 당부받습니다. 구마 사제들이 받는 그 책임감은 여간한 것이 아닙니다.

구마 사제는 자신이 마주하고 있는 사람이 악마에게 씌였다고 설불리 판단할 수 없습니다. 그 사람이 정신 질환이나 심리적 문제를 앓고 있는 것일 수도 있기 때문입니다. 그렇기 때문에 단지 당사자가 남다른 우울함과 고통을 호소하며 스스로 악마에게 유혹을 받고 있다고 말한다는 이유로 그 사람이 부마가 되었다고 여겨서는 절대로 안 됩니다. 그의 이야기가 모두 상상일 수도 있기 때문입니다.

오류를 범하지 않기 위해 구마 사제는 자신이 마주하고 있는 사람이 어떤 사람인지, 혹시 거짓말에 탁월한 사람은 아닌지 잘 파악해야 합니다. 사실 악마는 반대되는 행동도 하면서 자신의 교활함을 모두 활용하여 희생자를 속이기도 합니다. 악마는 자신이 지배하는 사람에게 자신이 악마에 시달리고 있지 않다고, 그래서 구마 예식도 필요하지 않다고 생각하도록 할 수 있습니다. 때로는 약물이나 치료로 고칠 수 있는 정신 질환을 앓고 있다고 믿도록 할 수도 있습니다.

반면에 종종 어리석은 믿음으로 자신이나 친지, 혹은 자신의 재산에 마술이나 저주 따위가 걸렸다고 확신하는 사람들도 있습니다. 앞의 발텔리나 출신 남성과 같은 사례이지요. 나는 악마의 공격을 받고 있다고 인정할 수 없을 때에는 구마 예식을 행하지 않습니다. 그럴 때에는 그들에게 필요한 다른 영적인 도움을 알려 줍니다. 구마 기도가 아닌 다른 기도들을 함께 드린 후 시편을 읽고 묵주 기도를 바치도록 하지요. 그렇게 하면서 이들이 마음의 평화를 되찾을 수 있도록 합니다.

악마의 영향을 전혀 받고 있지 않는 신자가 나를 찾아와 악마의 유혹 때문에 괴롭다고 토로할 때에도 마찬가지입니다. 이럴 때에는 주 예수 그리스도와 복음에 충실하길 바라며 평온을 되찾게 해 주는 기도가 유일한 길입니다. 명령형으로 된 구마 기도를 바치기 위해서는 구마 사제 스스로에게 지금 다루고 있는 사례가 정말 부마가 맞다는 '강한 확신'이 있어야 합니다.

식별은 전통적인 기준을 우선적으로 따릅니다. 관례에 따라 앞서 언급되었던 부마의 징후들을 우선 고려합니다. 즉, 배운 적이 없는 언어를 능통하게 말하거나 이해하고, 멀리 있거나 알려지지 않은 것을 밝혀내며, 자신의 나이 및 신체 조건에서 나올 수 없는 괴력을 발휘하는 것 등을 고려합니다. 또한 영적·도덕적 요소도 고려합니다. 예를 들어, 하느님, 예수님, 성모님, 성인들, 교회, 성경, 신성한 것, 특히 성사와 성상 등에 강한 혐오감을 보일 때 이는 부마되었는지를 식별할 수 있는 좋은 단서가 됩니다. 그러나 이러한 모습은 부마를 밝혀내는 단서가 될 수 있다는 것이지, 이러한 모습들을 보인다고 해서 반드시 악마 때문이라고 생각할 수는 없습니다.

구마 직무를 하다 보면 경험이 풍부한 구마 사제에게 도움받거나 약학 및 정신과 전문가의 의견을 활용하는 것이 좋을 때가 있습니다. 종종 정신 질환과 비슷한 증세를 보이거나 영적인 고통과 정신 질환 증세를 함께 동반하고 있는 복잡한 사례들이 있기 때문입니다. 이 경우 정신 질환으로 인한 증세가 부마 증세와 혼동될 위험이 있습니다. 이때 전문가의 진단은 '초자연적인' 현상과 정신 질환 증상을 서로 구분할 수 있게 도와줍니다. 통계에 따르면, 자신이 악마와 관련한 문제를 겪고 있다고 생각한 사람들 가운데 1.1퍼센트만이 실제로 구마 사제가 필요한 사람들이었습니다.

교회는 구마 사제가 정신이나 육체에 일어나는 설명하기 어려운 증상들을 겪고 있는 이들에게 장엄 구마 예식을 행하지 않더라도, 이들을 자비심으로 동등하게 대해 주고 함께 기도해 주며 최선의 도움이 되는 방향으로 안내해 줄 것을 권고합니다. 매우 심각한 사례에는 구마 예식을 행하지만, 그렇지 않은 경우라면 성사에 참례한다거나 성경을 읽고 묵상하는 것이 도움이 됩니다. 단식이나 회개, 열렬하게 기도하는 것도 문제를 해결하는 데 도움이 됩니다.

나는 신자들에게 구마에는 진정으로 권한이 있는지 여부가 매우 중요하다고 가르칩니다. 구마 권한이 없는 사제나 평신도가 구마를 행하는 일이 교회 내에서도 자주 일어납니다. 우리 주변에는 고통스럽고 혼란스러운 사람들을 갖가지 꾸민 말로 속이는 사람들이 많이 있습니다. 특히 오컬트를 시행하는 많은 이들이 구마 사제를 가장하고 있는데, 일부 사려 깊지 못한 신자들은 교회의 규칙을 간과하고 가짜 구마 사제를 믿어 버릴 수 있습니다.

스위스 같이 다양한 종교를 믿는 국가에서는 가톨릭 신자가 아닌 사람들에게도 구마가 필요한 경우가 생기기도 합니다. 이러한 사례나 특별히 까다롭다고 여겨지는 사례들은 교구 주교의 도움이 필요하며, 주교는 구마 예식을 행할지 결정하기 전에 신중하게 전문가에게 의견을 청해야 합니다.

## 난 떠나지 않아

*Professione Esorcista*

어느 일요일이었다. 점퍼를 걸치지 않으면 몸이 얼 것처럼 추운 한겨울이었다. 그러나 나는 평소와 같이 성당에서 나오는 신자들과 인사를 나누기 위해 사제복을 입고 성당 입구에 서 있었다. 나는 되도록 이 시간을 놓치지 않으려 한다. 신자들과 만날 수 있는 시간이기 때문이다. 신자 한 명 한 명과 웃으면서 악수를 주고받다 보면 모두와 평안함과 친밀감이 형성된다.

성당에서는 마지막으로 한 부부가 나오고 있었다. 그들은 이미 성당 안에서 보았던 분들이었다. 이렇게 작은 마을에서는 휴가를 온 사람들도 금세 낯이 익게 되기에 새로운 사람들이 있다면 금방 알아차릴 수 있다.

그들은 파트리치아 부인과 그 남편이었다. 파트리치아 부인은 이탈리아 중부 출신이고 남편은 칼라브리아 출신이었다. 그들은 20대 초반에 스위스에서 만나 결혼했다. 이들 부부는 화목하고 평범한 가족으로 부부 사이도 좋았으며, 장성한 두 아들도 있었다.

그러나 이들에게는 한 가지 특이한 점이 있었다. 부인은 자신의 머리카락에 강박이 있었다. 하루에도 일고여덟 시간을 강박적으로 앞머리를 다듬었던 것이다. 부인의 내면에서 무언가가 부인에게 계속 앞머리가 마음에 들지 않으니 매만져야겠다고 속삭였기 때문이다.

부인은 이미 여러 전문가에게 상담을 받아 본 상태였다. 적어도 예닐곱 명의 정신과 의사들이 부인에게 아무 문제가 없으며 정신 또한 멀쩡하다고 장담했다. 사실 나도 부인을 봤을 때 같은 생각이었다. 부인은 자신의 생각을 아주 분명하게 표현하고 정확하게 자신의 증상을 설명했으며, 말투 또한 고상하며 횡설수설하지도 않았기 때문이다. 어떤 의사들은 부인에게 항불안제(진정제)를 처방했다. 그러나 이 진정제는 부인의 고민을 줄

여 주지 못했다. 오히려 약물로 일어날 수 있는 여러 부작용만 나타났을 뿐이다. 그러자 진정제를 처방해 주었던 의사들은 부인에게 복용을 중단하라고 했다. 한번은 자신이 정신 질환에 걸린 것이라고 고집을 부리는 부인에게 한 의사가 버럭 화를 내기까지 했다.

"부인, 저와 부인 중 어느 쪽이 정신과 전문의라고 생각하세요?"

정신 질환이 아니라고 하지만 부인은 머리카락을 손으로 다듬는 일을 멈출 수 없었다. 그는 그 일에 전문가로 보일 정도였다. 나는 부부의 삶이나 신앙생활에 대해 좀 더 자세히 들어 봐야겠다고 생각했다.

부인은 자신과 남편 모두 가톨릭 신자이긴 하지만 냉담 중이라고 했다. 그러나 주님 부활 대축일 같은 때에는 성당에 가며, 영명 축일에도 가끔 미사에 참석한다고 했다. 그런데 이들에게 말도 안 되는 일이 벌어졌다. 부부가 이탈리아 토스카나 지역의 피틸리아노Pitigliano라는 도시에 살 때였다. 부부는 토스카나 지역에서 그리 멀지 않은 도시인 이스키아 디 카스트로Ischia di Castro

에 있는 '십자가에 못 박힌 지극히 거룩하신 예수님' 성지에 방문했는데, 이곳에서 파트리치아 부인은 갑자기 남자 목소리를 내기 시작했다. 남편은 심장이 멎는 줄 알았다고 한다.

"난 이런 것 못 보겠으니 그만 가자고!"

부인이 음침한 목소리로 말했다. 그러고는 성당에 걸려 있던 요한 바오로 2세 교황님의 초상화를 가리키며 이렇게 말하기도 했다.

"내게서 많은 사람들을 빼앗아 간 바로 그자잖아?"

너무 놀란 부부는 자신들이 사는 토스카나 지역의 구마 사제를 만났다. 그러나 그는 너무 일이 많아 쿠어 교구에 있는 나를 소개해 주었다고 했다. 나는 이들을 위해 기도 모임의 신자들을 불렀다. 그리고 부부와 기도 모임의 신자들과 함께 다 같이 묵주 기도를 소리 내어 바쳤다. 그러면서 나는 속으로 악마에게 말했다.

'주님의 이름으로 명하오니, 너의 이름을 말해라.'

말없이 속으로 내리는 이 명령은 악마를 기습하여

부마의 진위를 확인하고자 할 때 쓰는 방법이다.

파트리치아 부인 역시 함께 기도를 하며 성모송을 바치고 있었다. 나는 머릿속으로 악마에게 반복해 말했다.

'주님의 이름으로 명하오니, 너의 이름을 말해라.'

"은총이 가득하신 마리아님, ― 말 안 해 주지. ― 주님께서 함께 계시니."

부인이 소리 높여 말했다. 내가 마음속으로 던졌던 질문에 악마는 대답을 하고 있었다. 파트리치아 부인 안에서 자신의 존재를 드러낸 것이다.

'거기서 언제 떠날 거지?'

나는 이번에도 마음속으로 물었다. 부인은 계속 기도를 하고 있는 중이었다.

"천주의 성모 마리아님, ― 난 떠나지 않아. ― 이제와 저희 죽을 때 저희 죄인을 위하여 빌어 주소서."

그때서야 나는 확신을 할 수 있었다. 실제 부마 현상이 우리 앞에 있음이 분명했다. 모두 묵주 기도를 멈췄다. 나는 영대를 걸치고 구마 예식을 시작했다.

탄로 난 악마는 더 이상 숨지 않고 역시나 자신이 늘 하던 짓을 하기 시작했다. 부인은 갑자기 소름끼치는 웃음을 터트리더니 목소리와 눈빛이 변했다. 그 눈빛은 도저히 악마라고 정의할 수밖에 없는 눈빛이었다. 그렇게 나는 격분하여 날뛰는 악마와 싸웠다.

파트리치아 부인을 위한 구마 예식은 매주 반복되었다. 악마는 내가 어떤 질문을 하든 같은 대답을 했다.

"말하지 않겠어."

그러다 딱 한 번, 다른 대답을 한 적이 있다. 부인에게 구마 예식을 진행한 지 몇 달이 되었을 때였다. 악령의 힘이 약해졌다 싶었던 이때, 나는 다시 물었다.

"언제 떠날 거지?"

그러자 악마는 이렇게 대답했다.

"크리스마스."

드디어 12월 25일이 되었다. 나는 기도 모임을 불러다 함께 몇 시간이고 열렬히 기도했다. 평화의 왕이신 예수님의 탄생을 축하하는 이날, 파트리치아 부인과 가족들에게도 평화가 돌아오면 얼마나 좋을까 하는 염원을 기도 안에 담았다. 하지만 구마 예식을 반복해도 악마는 부인의 몸을 떠나지 않았다. 악마가 우리에게 거짓말을 했던 것이다. 과연 악마는 뛰어난 거짓말쟁이였다. 그는 세상의 기원과 시초부터 거짓말을 하던 자였으니까.

한편 파트리치아 부인은 이상한 일을 겪었다. 그것은 부인과 안면도 없을 뿐더러 아무런 연관도 없는 남자에게서 시작된 일이었다. 그 남자도 악마에게 고통받고 있는 처지였다. 그래서 그는 부인이 처음 도움을 구할 때 만났던 그 구마 사제를 만났다. 그런데 그 구마 사제는 이 남자에게 구마 예식을 하다가 그에게 씌인 악마가 파트리치아 부인에 대해서 하는 말을 들었다.

그 악마는 부인이 시달리고 있는 현상의 원인을 자세히 밝혔다. 그것은 부인이 젊은 시절에 있었던 일 때문이었다. 부인에게는 자신도 모르는 새에 저주가 하나 걸려 있었다. 부인은 아주 아름다운 모발을 갖고 있었는데, 하루는 스타일을 바꿔 보고 싶어 머리를 자르려고 했다. 미용사는 부인에게 잘린 머리카락을 가발용으로 써도 되냐고 물었고, 부인은 대수롭지 않게 그렇게 하라고 했다. 하지만 그 머리카락은 사탄의 의식에 사용되고 말았다.

그리고 나는 당시 부인이 친구들에게 카드 점을 잘 봐 주곤 했다는 사실도 알게 되었다. 많은 사람들이 그러하듯 단순히 재미를 위한 것이었다. 문제는 부인의 점이 '너는 인생에서 누군가를 만나게 될 거고 언젠가 부유하고 유명해질 거야. 자녀는 세 명 낳을 거야'라는 정도의 일반적인 '예측' 수준을 넘어선 것이었다는 점이다. 부인은 아무도 알 수 없는 것들을 알아냈던 것이다. 자신의 이러한 능력이 인간의 한계 밖에 있는 능력임을 알아차린 부인은 결과가 두려워졌고, 친구들에게 카드 점 봐 주는 일을 즉시 멈췄다고 한다. 그러나 그는 이미 악마에게 문을 열어 버린 셈이었다.

그를 해방시키려 했던 몇 개월 동안 나는 수없이 다음 기도문을 외웠다.

인류의 유혹자 사탄이여 네게 명하노니
너의 함정을 거부하고 너의 거짓을 드러내는
진리와 은총의 영을 알아보아라.
하느님께서 당신의 인장으로
표시해 주신 이 사람에게서 나와라.
이 여인에게서 떠나가라.
하느님은 당신의 영으로 기름 부어
그를 당신의 거룩한 성전으로 만드셨다.

그러므로 사탄이여 물러가라.
성부와 성자와 성령의 이름으로 명하노니 물러가라.
교회의 신앙과 기도로 명하노니 멀리 떠나가라.
예수 그리스도의 거룩한 십자가의
표징으로 명하노니 도망가라.
주님께서는 세세 영원히 살아계시며 다스리시나이다.
아멘.[9]

---

9 《구마 예식서》의 기도문 중 일부입니다.

그러나 악마는 단념하지 않았다. 이 가엾은 부인에게는 많은 악마가 머물고 있었다. 그리고 가장 힘이 센 악마는 약한 악마들에게 자신의 이름을 말하지 못하게 했다. 악마는 자신이 부마 증상에 시달리고 있다는 말도 안 되는 이야기를 하며 정신 질환을 부정하려 애쓰는 가엾은 정신 질환자라고 남들이 믿도록 하려고 간계를 부렸다. 악마는 그에게 모두 소용없는 짓이니 구마 사제를 더 이상 찾지 말라고 종용하기도 했다. 부인은 자해를 하고, 자살을 시도하는 지경에 이르러 자신이 미쳤다고 생각해야만 했다. 악마는 끊임없이 부인을 부추겼다. '나 자신과 남편, 그리고 평생 이러한 고통을 겪어야 할 어머니를 둔 자식들을 위해서라도 차라리 죽는 것이 최선이 아닐까?'라고 생각하도록 말이다. 악마는 그를 온갖 형태로 괴롭혔고, 그는 끊임없이 머리카락을 가다듬는 행동을 멈출 수가 없었다.

파트리치아 부인은 꾸며서 만들어 낼 수 없는 진짜 부마의 징후들을 보였다. 첫 번째는 사어死語인 라틴어를 이해한다는 것이었다.

모든 거짓의 창시자이며 거짓의 스승이자
인류 구원의 원수인 사탄아 물러가라.
그리스도께 자리를 내어 드려라.
너의 모든 간책은 그분께 아무런 힘을 쓰지 못한다.
하나이며 거룩하고 공번되며 사도적인 교회,
그리스도 친히 당신 성혈로 얻어 주신 이 교회에
자리를 내주어라.
하느님의 전능하신 손 아래 너를 낮추어라.
지옥을 뒤흔드는 거룩하고 무시무시한
예수님의 이름으로 기도하니, 두려워 떨며 도망쳐라.
천상의 세력과 권능과 주천사들이
모두 그분께 부복하며,
케루빔과 세라핌이
"주님은 거룩하시다. 거룩하시다. 거룩하시다.
그분은 천상 군대의 하느님이시다." 하며
끊임없이 주님을 찬미한다.[10]

---

10  《사탄 및 타락한 천사들에 대한 구마 예식》에 나오는 기도입니다.

구마 예식이 진행되는 동안 부인은 이 라틴어 기도문을 완벽하게 이해했다. 하지만 구마 예식이 아닐 때나 일상생활로 돌아가면 다시 라틴어를 이해하지 못했다.

부인에게 나타난 부마의 또 다른 중요 징후는 멀리 있거나 알려져 있지 않은 것을 부인이 알게 된다는 점이다. 어느 날 파트리치아 부인은 토스카나 지역의 구마 사제에게 전화를 걸어 자신의 근황을 전했다. 안타깝게도 전혀 나아지지 않았다는 이야기였다. 구마 사제는 파트리치아 부인을 위로하며 많은 사람들이 부인을 위해 기도하고 있다는 말을 전하고는 그를 축복해 주었다.

그 순간, 부인은 환영을 보았다. 토스카나 지역에 있는 친정 집, 거실에 놓인 책장, 그리고 하얀색 가방 하나가 눈앞에 나타났다. 그러더니 내용물이 훤히 보이도록 가방이 열렸다. 가방 안에는 짐승의 내장이 담겨 있었다. 겁에 질린 부인은 부모님 집 근처에 살던 친오빠에게 전화를 걸어 확인을 해 달라고 부탁했다. 부인의 오빠는 그런 물건을 찾지 못했다. 그러나 오빠에게 이 이야기를 들은 부인의 아버지가 전날 사냥감으로 잡았던 토끼의 내장을 하얀 주머니에 담아 놓았다가 요리를 했다고 알려 주었다.

부인이 남편에게 빨간색 장난감에 대해서 이야기한 경우도 있었다. 다른 아이들처럼 남편 또한 어린 시절 장난감 자동차를 여러 개 모으고는 했다. 부인은 그 장난감들 중 빨간 페라리 장난감을 '알아냈는데', 남편은 자신에게 그런 장난감이 있었는지조차 기억이 없다고 했다. 부인은 말했다.

"칼라브리아 집의 입구 벤치에 놓인 담요, 그 담요 아래에 빨간 페라리 장난감이 있네요."

시부모님이 확인한 결과 그 말은 사실이었다.


이처럼 부마로 인해 밝혀지는 사실이 반드시 부정적이고 악한 것은 아닙니다. 하지만 이는 악마에게 사로잡혀 있다는 분명한 징후입니다. 다른 징후는 어느 정도 꾸며 낼 수 있지만, 아무도 모르는 사실을 알거나 사어死語를 말하는 것은 흉내 낼 수 있는 일이 아닙니다. 나는 파트리치아 부인이 정말 악마에게 사로잡혀 있다고 확신했습니다. 그러나 파트리치아 부인의 사례는 너무도 복잡한 사례였습니다.

사실 그를 도우려 했던 구마 사제는 두 명이었습니다. 나와 토스카나 지역에 있는 다른 구마 사제였지요. 악마의 힘은 강했지만, 묵주 기도를 바치자 더 저항하지 않고 모습을 드러냈습니다. 그러나 악마는 자신의 이름을 결코 말해 주지 않았습니다. 그를 위해 나는 2년 동안 구마 예식을 행했습니다. 하지만 부인을 해방시키는 데에는 큰 장애물이 있었습니다. 바로 부인이 자신이 이미 미쳤다고 생각한다는 것입니다. 모든 정신과 의사들이 기껏해야 진정제를 처방해 주며 집으로 돌려보내는데도, 부인은 자신이 미쳤다고 생각했기 때문에 구마 과정에 충분히 협조하지 않았습니다. 앞서 말씀드렸듯 구마 예식은 성사가 아니라 준성사입니다. 그렇기 때문에 구마 예식을 행하는 사제는 물론 도와주는 사람들, 그리고 당사자의 믿음이 클수록 구마 예식의 효력도 커집니다. 그러니 그리스도가 죄와 죽음을 이기셨으며 우리를 어둠의 세력에 내버려 두지 않으실 것이라는 필사적인 믿음이 필요합니다.

매주 토요일, 부부는 차로 4시간가량 달려 자매단으로 나를 찾아왔습니다. 집에 돌아가는 데에는 또다시 4시간이 걸렸지요. 이렇게 매주 토요일마다 2년을 다녔습니다. 나와 함께 기도를 바치는 동안 부인은 머리카락에 대한 강박에서 벗어나려 애썼지만 완전히 떨쳐 내지는 못했습니다. 부인의 집에서 가까운 구마 사제가 일정이 여유로워졌을 때, 나는 상의 끝에 부인이 더 가까운 토스카나 지역 구마 사제의 도움을 받을 수 있도록 했습니다. 그리고 얼마 전 토스카나 지역 구마 사제에게서 부인의 근황을 듣게 되었습니다. 안타깝게도 부인의 상황은 아직 해결되지 못했다고 합니다.

악마가 한 번 인간에게 자리를 잡고 나면, 대체로 그 뿌리를 뽑기란 참으로 어려우며 많은 시간이 필요합니다. 그렇다고 구마 예식을 너무 자주 반복해서도 안 되는데, 구마 예식을 한 번 진행하는 데에만 30분이 넘게 걸릴 만큼 길어서 굉장히 지칠 수 있기 때문입니다.

그러나 나 역시 주님 성탄 대축일에 구마 예식을 3번이나 반복했던 기억이 있습니다. 순진하게도 주님이 탄생하신 날에 떠날 것이라 했던 악마의 말을 믿었기 때문이지요. 해방은 약속의 문제가 아닙니다. **해방은 오로지 하느님이 이를 허락하실 때에 이뤄집니다.**

# 악마에게 문을 열어 주지 마십시오

*Professione Esorcista*

악마에게 절대로 기회를 주어서는 안 됩니다. 나는 단순한 재미나 호기심 때문에 악마에게 기회를 주는 경우를 많이 만나 보았습니다.

지난 겨울, 나는 이탈리아의 알토아디제Alto Adige에 사는 한 소녀로부터 나를 찾아오고 싶다는 전화를 받았다. 이처럼 이탈리아 국경 가까이에 사는 사람들은 이곳과 거리가 그리 멀지 않기 때문에 종종 나를 찾아오곤 한다.

그는 자매단으로 나를 찾아왔다. 오목조목한 이목구비를 지닌 젊은 여성이었다. 그는 자신을 캐롤라인이라고 소개했다. 그는 불면증에 시달리는 사람들이 흔히 그렇듯 피로로 수척한 얼굴을 하고 있었다. 따뜻한 차 한 잔을 앞에 가져다 주자 캐롤라인은 자신의 이야기를 꺼내기 시작했다.

언젠가 한 친구가 캐롤라인에게 자칭 마술사라는 남자를 만나 보라고 제안했다. 캐롤라인은 재미 삼아 그 제안을 받아들였다. 처음에는 세 명이서 만나, 짧은 시간 동안 잡다한 이야기를 나눴다. 남자는 자신에게 점치는 능력이 있으며 모두의 미래를 정확하게 읽을 수 있다고 자랑했다. 그러고는 캐롤라인에게 미래를 알려주겠다고 제안했다. 캐롤라인은 집, 회사, 친구들과의 만남이라는 진부한 일상과는 다른 신기한 이야기였기에 호기심과 스릴을 느꼈다. 그래서 그 남자와 계속 만나게 되었다.

그 남자는 이 아름다운 금발의 알토아디제 아가씨에게 이성적인 호감을 갖고 있었다. 그리고 자신이 그의 마음을 얻을 수 있을 줄 알았다. 그러나 처음부터 그는 가벼운 만남을 할 작정이었다. 캐롤라인은 그 남자의 그러한 마음을 눈치채고 사귀자는 요구를 거절했다.

이에 모욕을 느낀 그는 복수를 결심했다. 그래서 다시 캐롤라인과 만났을 때, 남자는 사과를 하며 아무 일도 없었던 것처럼 그에게 친절하게 대하고는 그에게 커피 한 잔을 대접했다. 캐롤라인은 이것이 마술사의 저주라는 것을 알아차리지 못했다. 커피를 마신 그는 의식을 잃게 되었고, 남자는 이를 틈타 그를 성폭행했다.

정신을 차린 후부터 그는 이상한 느낌을 받기 시작했다. 어디선가 환청이 들렸고, 자신을 덮치려 하는 그림자들이 느껴져 공포 속에 살아야 했다. 캐롤라인은 심리학자를 세 명이나 찾아갔다. 하지만 아무에게서도 납득할 만한 설명을 얻지 못하자, 그는 자신에게 마귀가 들린 것은 아닌 지 의심하기 시작했다. 그제야 그는 구마 사제를 알아보기 시작했다. 그러나 그가 사는 지역에는 구마 사제가 없었다. 그래서 집에서 차로 1시간 정도 떨어진 쿠어 교구에 있는 나를 찾아오게 된 것이다. 나는 기도 모임의 신자들과 함께 캐롤라인을 다시 만났다. 그리고 다 함께 묵주 기도를 바치던 중, 캐롤라인에게 씌인 악령에게 마음속으로 질문을 던졌다.

'너는 누구지?'

그때 캐롤라인은 성모송을 바치고 있었는데, 기도를 하던 중에 분명히 이렇게 말했다.

"글쎄."

나는 이내 이것이 내가 속으로 한 질문에 대한 반응임을 알았다.

구마 사제는 누군가가 나타나 자신이 악마에게 괴롭힘을 당하고 있다거나 악마에게 사로잡혔다고 말할 때, 그 사람에 관한 모든 측면들을 잘 종합하여 아주 신중하게 식별해 내려고 합니다. 그런데 악마에게 시달린다고 주장하는 사람이 마술이나 점술의 세계에 발을 들였다고 말한다면, 그리고 그것을 자진해서 했다면, 이는 강력한 상황 증거가 됩니다. 그는 자신을 어디로 이끌지 모르는 문을 열어 버린 것이나 마찬가지이기 때문입니다. 이는 앞서 언급한 네 가지 부마 징후들과 더불어 부마를 검증할 때 감안되는 요소이지요. 이러한 징후가 많을수록 부마를 식별하는 것은 더욱 간단해집니다.

많은 여성들이 '백마술'[11]을 좋아합니다. 카드 점으로 미래에 대한 기대감과 안도감을 찾고자 하기 때문입니다. 부마된 사람 가운데 여성이 더 많다는 것은 이런 마술을 여성들이 더 많이 찾는다는 것을 반영합니다. 여성들은 '적마술'[12] 또한 자주 찾습니다. 부적과 주문으로 사랑하는 상대의 마음을 사로잡을 수 있다고 믿는 것이지요. 물론 남성들도 이러한 마술을 찾습니다. 사랑과 돈에 대해 알고 싶어 하는 것은 성별을 가릴 수 없으니까요.

> 마술사와의 사건 이후 캐롤라인은 일상생활을 재개하려 했지만, 직장에서 문제를 겪기 시작했다. 그는 평안한 가정에서 자라 선생님이 되었고, 인생의 큰 풍파 없이 평탄한 삶을 살아왔다. 그런데 갑자기 학교 동료 선생님들이 그를 표적으로 삼기 시작했다. 그는 점점 야

---

11  주로 엘리트 계층에서 많이 활용한 마술로, 연금술, 자연 마술, 점성술 등이 여기에 속합니다.
12  부적과 주문, 향수나 향초 등으로 사랑하는 사람의 마음을 사로잡기 위해 행하는 마술입니다.

위어갔다. 무언가에 잘 집중할 수도 없었으며, 밤이면 무시무시한 존재들에게 시달리는 악몽을 꾸는 바람에 한숨도 못자고 뜬 눈으로 밤을 지새워야 했다.

나는 그가 지닌 문제에 대해 약간 의심이 들었다. 부마가 된 사람들은 구마 예식을 행하면 트랜스 상태에 빠지는데, 그는 좀처럼 쉽게 트랜스 상태에 빠지지 않았던 것이다. 트랜스 상태가 되면 주변 환경을 잊어 버린다. 이는 주변에서 기도를 바치고 있는 30분 동안 지속되기도 한다. 그런데 캐롤라인은 구마 예식 도중 종종 의식을 차리기도 했다.

그가 정말 악마와 싸우고 있었던 것인지 나는 아직도 잘 모르겠습니다. 그가 보였던 많은 징후들은 성폭행을 당했기 때문에 나타난 분노와 좌절감이 만들어 낸 증상일 수도 있습니다. 이렇듯 부마를 식별하는 것은 쉽지 않습니다. 나는 그에게 교구에 가 보라고 권했습니다. 그가 냉담하지 않은 가톨릭 신자였던 만큼 기도 모임에 다니라고도 조언했습니다. 6개월 동안 나는 그가 속한 교구의 신부님과 신자들의 도움으로 구마 예식을 이어갔습니다. 캐롤라인은 점차 나아지기 시작했습니다.

그는 정말 악마에게서 '해방'된 것일까요? 아니면 '심리적 트라우마'가 해결된 것일까요? 구마 예식 도중 그는 나에게 트랜스 상태가 아닐 때에는 말하지 않았던 이야기를 자세히 밝혔습니다. 예를 들어 마술사가 저주를 걸 때 사용했던 의식이 무엇인지 알려 주었고, 묘지의 흙에 섞였던 약초 이름 몇 가지도 설명해 주었습니다. 그리고 그 남자가 처음부터 그를 해치려고 했다고도 알려 주었습니다.

마쿰바와 같은 라틴 아메리카의 일부 마술 의식은 악마를 소환할 때 매우 폭력적입니다. 또한 의식의 흔적을 남길 수도 있지요. 그러나 그에게서는 그러한 흔적을 찾을 수 없었습니다. 또한 아직까지도 나는 악마의 이름을 듣지 못했습니다. 그러나 나를 찾아오기 전, 캐롤라인은 심리학자들에게서 도움을 얻지 못했습니다. 그들은 그에게서 어떤 정신적·심리적 문제를 발견하지 못했습니다. 이런 면에서 생각하면 그가 내게 찾아온 것이 참으로 다행이라고 생각합니다. 영적이고 성사적인 삶이 그의 삶을 파괴하려 하는 악의 존재를 물리치는 데에 큰 몫을 했다고 믿기 때문입니다. **하느님의 말씀과 성사 안에서 우리의 영혼을 가꿔 가는 것이야말로 사탄과 악마에게서 멀리 떨어질 수 있는 최고의 방법입니다.**

## 이게 악마의 저주가 아니라면

*Professione Esorcista*

나는 생각보다 많은 사람들이 문제가 발생하거나 실패했을 때 이를 직시하고 책임을 지기보다는 악마가 개입한 탓으로 돌려 버린다는 것에 놀라곤 합니다. 내가 쿠어 교구의 구마 사제로 활동한지 5년 동안 많은 사람들이 나의 도움을 구하며 자메단으로 찾아왔습니다. 밝혀진 사례 가운데 적어도 마흔 개는 악마와 아무 관련이 없었습니다. 청소년 자녀를 둔 부모가 나를 찾아와 자신의 자녀들이나 자신 스스로에게 악마의 소행이 일어나고 있다고 장담하던 일도 몇 차례 있었습니다.

미사 후 한 부부가 나에게 다가왔다. 내가 기억하기

로 매주 주일 미사에 참여하는 이들이었다. 이 부부는 45세에서 50세 사이였으며, 엥가딘 근처의 대형 슈퍼마켓에서 일하고 있었다. 이들은 집과 일터 사이를 오가는 생활을 하는 평범한 부부였다. 그들은 자신의 18살짜리 아들에 대해 걱정하고 있었다. 얼마 전부터 아들이 부부의 말을 잘 듣지 않는다고 했다. 아들은 학교 수업에 늦지 말라는 부모의 말에도 거칠게 반항을 했다. 집안 환경을 비난하기도 했다. 가정 내 불화가 점점 더 심해지자 부부는 항상 온순하고 착했던 아들에게 악마가 씌인 것일지 모른다는 생각에 두려워졌다.

내가 그들의 집을 방문해 아들을 만났을 때, 아들 미겔Miguel이 대마를 피기 시작했다는 것을 알게 되었다. 불량한 친구들과 어울릴 때 흔히 일어나는 행동이다. 해체된 가족 환경에 있는 비행 청소년들은 종종 마약이 주는 자극으로 불안감을 해소하려 한다.

부부는 내게 아들이 해방될 때까지 구마 예식을 해달라고 부탁했다. 그들을 진정시키기 위해 구마 기도를 외기 시작했지만, 예상했던 대로 아무 반응이 없었다.

이윽고 나는 그들에게 미겔과 단둘이서만 이야기를 나누게 해 달라고 부탁했다.

나는 미겔과 학교, 친구, 동네, 스포츠 등 여러 주제에 대해 대화하기 시작했다. 그에 대한 '진단'은 어렵지 않았다. 그는 부모가 두려워하던 악마 문제를 가지고 있지 않았다.

미겔은 2세대 이민자이자 18세 소년이었다. 그는 이방인에게 폐쇄적인 환경 속에서 그 안에 섞여야 한다는 것이 얼마나 어려운지를 몸소 체험하고 있었다. 미겔은 더 이상 조국 포르투갈에 속하지 않는다고 느끼고 있었다. 그러나 한편으로는 지금 살고 있는 스위스 엥가딘에도 속하지도 않는다고 느끼고 있었다. 미겔은 자신의 고향과는 다른 집단 가치를 지닌 새로운 사회에서 자신의 자리를 찾고 있었다. 역설적이게도 아들이 부모에게 느끼고 있던 불만은 부모의 결혼 생활이 안정적이라는 부분이었다. 그의 친구들은 모두 이혼 가정의 자녀였는데, 종종 한 부모 가정이 그렇듯이 어려움과 결핍을 보완하기 위해 자식들에게 선물을 풍족하게 주고 있었던 것이다. 그리고 미겔은 언어를 익히는 데에도 어려움과 장벽이 크다고 했다.

그가 가족에게 반항적인 모습을 보인 것은 악마 때문이 아니었다. 그저 자신의 좌절감을 표출한 것이었다. 나는 그들 부부에게 이를 잘 설명해 주었다. 그리고 아이가 겪고 있는 문제들과 마주해 적응에 어려워하는 아이를 도와달라고 부탁했다.

미겔의 부모는 그 말을 잘 듣는 듯했다. 자신 있어 보이기도 했다. 그러나 몇 달 후 미겔의 어머니에게 다시 연락을 받았다. 그들 부부는 아이가 자랐다는 것을 인정하지 못했다. 그들은 아이의 인생에 부모가 어느 정도 관여할 수 있는지를 모르고 있었다. 그래서 아이는 계속 반항했고 폭력적인 일들이 집안에서 반복되었다. 부모는 분명 무언가가 작용했으리라고 생각했다. 악마의 영향이 아니라면 아들이 이렇게 바뀌었을 리가 없다고 말이다.

이쯤 되면 이런 말이 필요할 지도 모르겠습니다.

"가엾은 악마! 세상에서 잘 풀리지 않는 일은 모두 너 악마의 탓이 되는구나!"

이런 경우 악마를 탓하기보다 우리 자신의 행실과 우리의 소망을 더 들여다보는 게 좋을 것입니다.

다음은 미겔과 크게 다르지 않았던 카를라Carla의 사례입니다.

카를라는 어머니, 친구와 함께 나를 찾아왔다. 카를라네 가족은 이탈리아 출신으로 쿠어에 살고 있었다. 내게 가 볼 것을 강하게 주장한 것은 카를라의 어머니였다. 카를라는 좋은 직업을 가진 미모의 여성이었는데도 남자 친구를 사귄 적은 많았지만 그중 누구와도 결혼을 하지 못했다. 당시에도 한 달 전에 또다시 남자 친구에게 이별을 통보받은 상태였다. 한마디로 카를라의 어머니는 서른다섯 살인 카를라가 아직도 결혼을 못하고 있으니 그 원인은 분명 악마의 저주일 것이라 생각한 것이다.

"이게 악마의 저주가 아니라면 어떻게 설명할 수 있

겠습니까?"

물론 이것은 어머니의 노파심이었다. 카를라의 어머니는 마치 구시대에 사는 사람처럼 결혼, 적어도 안정적인 관계를 꼭 도달해야 하는 종착지처럼 여겼다. 나는 당연히 카를라의 문제가 악마와 전혀 상관이 없다는 것을 바로 알았다. 그래도 나는 혹시 모른다는 생각에 카를라와 깊은 대화를 나눠 보았다.

나는 사제이기에 누군가가 잘못된 동기로 찾아왔다 해도 그들의 요청을 들어 주려고 최선을 다한다. 적어도 나는 그의 문제를 좀 더 명료하게 해 줄 수 있을 거라고 생각했다. 이야기를 나눠 본 결과 나는 그가 나이가 '꽉 찼다는' 심리적 압박을 받고 있음을 알 수 있었다. 시간은 흘러가는데 자신은 '정착'하지 못한다는 불안함 때문에 그는 매번 남자와의 관계에 매달렸다. 그렇게 되자 교제 중인 남성을 차분히 진지하게 알아가려는 여유가 사라져 버리고 말았다.

꽃 같은 젊음이 져 버리기 전에 남편감을 찾아야 한다는 사회적 압박을 받았던 과거 여성들처럼 카를라는 상대 남성을 곁에 붙잡아 놓기 위해 성적인 어필에만 초점을 맞췄다. 그러나 그렇게 쉽게 시작한 동거 생활은 금방 끝나고 말았다. 어머니는 딸의 행동이 내키지 않으면서도 이를 말릴 수도 없었다. 그렇다고 딸에게 남자와 어떻게 교제해야 올바른지 어머니가 도와줄 수도 없는 노릇이었다. 그러다 보니 무언가 불운하고 사악하며 대항할 수 없는 다른 것에서 원인을 찾았다. 무엇보다 카를라와 그의 어머니의 책임이 아니어야 했다.

나는 카를라가 안고 있는 문제를 세심하게 들여다보려 했다. 그리고 카를라가 자신의 선택을 잘 생각해 볼 수 있도록 했다. 한편으로는 삶의 계획을 여유 있게 세워 놓고 결혼 문제 또한 좀 더 침착하게 받아들이라고 조언했다. 그도 이 상황을 모두 이해한 것 같았다.

얼마 후 카를라는 나에게 다시 찾아오겠다고 연락했다. 아무래도 악마에 대한 의심이 완전히 사라지지 않았다는 이야기였다. 상담을 받고 조금 편안해졌지만 '안정적인 남자'가 아직까지도 그의 눈앞에 나타나지 않은 까닭에 그의 불안감은 가시지 않았다.

주님은 우리를 빛의 세계로 이끄십니다. 하지만 그러할 때 우리는 왜 어둠을 찾을까요? 프란치스코 교황님이 신자들에게 교리 교육을 하면서 했던 말이 떠오릅니다. 교황님은 부에노스아이레스에서 겪은 일에 대해 언급했습니다.

한번은 교황님이 공원을 지나가는데, 공원에는 테이블이 잔뜩 설치되어 있고 예언가라는 이들에게 상담받으려는 사람들이 줄을 길게 서 있었다고 합니다. 교황님은 말했습니다.

"저는 그에게 손을 내밀었습니다. 그렇게 그는 저의 미래를 봐주기 시작했는데, 저에게도 같은 말을 하더군요. '음, 미래에 여자가 한 명 보이는군. 힘든 일이 하나 찾아 올 건데, 뭐 잘 넘어갈 거야.' 그리곤 저는 비용을 치렀죠."

거짓 희망과 안심을 얻는 데에 치러지는 대가를 지불한 것입니다. 교황님은 이어서 말했습니다.

"우리는 거짓 희망을 돈을 주고 삽니다. 그러면서 하느님이 우리의 삶에 공짜로 주시는 진짜 희망은 믿지 않습니다. 희망은 인간에게 가장 필요한 것입니다. 미래를 희망하고, 삶을 믿는 것 소위 말해 '긍정적인 생각'이지요. 무엇보다 이 희망은 바로 우리를 살게 하며 우리 존재에 의미를 부여해 주는 해답이라는 점이 중요합니다. 그렇기 때문에 성경은 '거짓 희망'이 얼마나 헛되고 어리석은지 낱낱이 밝히며 세상이 주는 거짓 희망을 경계하라고 일러 줍니다. 성경은 그중에서도 특히 '우상 숭배'가 얼마나 허망한 것인지를 고발합니다. 인간은 늘 자신의 희망을 우상에게 걸고 우상을 믿어 버리고 싶은 유혹을 받습니다."

프란치스코 교황님은 할로윈에 대해서도 언급했습니다. 최근 할로윈 축제가 논란이 되고 있다고 말이지요. 할로윈의 그 무시무시하고 거창한 의식이 사탄 숭배 그룹이 벌이는 잔인하고 퇴폐적인 축제처럼 여겨지는 것입니다. 그러나 교황님은 할로윈을 여러모로 어린이들을 위한 유쾌한 축제로 봐야 한다고 했습니다. 유령이나 악마, 마녀의 복장을 갖추고 하는 파티인 것은 사실이지만 모두 아무런 악의 없이 하는 것들이라고요. 어린 아이들은 부모님과 함께 집집마다 사탕을 받으러 돌아다닙니다. 모든 것은 천진난만하게 정을 나누는 자유로운 축제의 분위기 속에서 이뤄집니다.

나도 모든 것을 '사탄화' 시켜서는 안 된다고 생각합니다. 어린 시절 나 또한 친구들과 함께 할로윈 축제를 즐겼습니다. 할로윈 다음날 아침이면 학교에서 친구들끼리 전날 받은 과자와 과일을 나눠 먹기도 했습니다. 그런 우리 마음속에는 어디에도 '사탄 숭배적인' 의도는 조금도 없었습니다.

나는 오히려 이보다 인터넷이 훨씬 더 위험하다고 생각합니다. 인터넷을 하다 보면 진짜 사탄주의에 빠질 수 있습니다. 그 끝없는 네트워크 속에 심각한 위험이 도사리고 있는 것입니다. 우리는 인터넷에서 사탄을 숭배하는 이미지와 음악을 손쉽게 만날 수 있습니다. 그리고 그러한 만남은 우리에게 큰 문제를 일으킬 수 있습니다.

# 악마가 벌이는 여러 가지 소행

*Professione Esorcista*

## 괴롭힘과 유혹

많은 성인들이 악마에게 육체적인 괴롭힘을 받았습니다. 예수의 데레사 성녀는 자신의 자서전 《삶*Vita*》에서 자신을 심하게 괴롭혀 겨우 성수로 쫓아 버릴 수 있었던 혐오스러운 존재들에 대해 이야기합니다. 십자가의 바오로 성인은 무서운 거인이나 검은 새의 모습을 한 악마를 보았습니다. 검은 새는 성인이 잠에 들지 못하게 이불을 벗기고 성인을 땅에 질질 끌고 다니고는 바닥에 내동댕이쳤습니다.

또한 요한 마리아 비안네 성인과 요한 보스코 성인은 갖가지 방식으로 괴롭히는 악령 때문에 밤마다 끔찍이 시달렸습니다. 가장 잘 알려진 사례는 오상의 비오 성인의 사례일 것입니다.

비오 성인은 꾸준히 악마에게 두들겨 맞았습니다. 가엾은 성인은 성인의 영적 지도 신부님들에게 그 악마에 대해 말할 때면 발바블루, 적, 불행, 추한 짐승, 우울한 존재들, 악한 모략자, 어둠의 왕자 등 다양한 이름으로 칭했습니다. 성인은 편지에 이렇게 썼습니다.

"발바블루는 포기를 모릅니다. 발바블루는 모든 것의 형상을 다 갖출 수 있습니다. 그는 며칠 동안 철제 기구와 몽둥이로 무장한 자신의 부하들과 함께 저를 찾아왔습니다. 최악인 것은 자신의 진짜 모습을 하고 찾아올 때였지요. 그 악마가 몇 번이나 저를 침대에서 끌어내 온 방 안에서 끌고 다니던지! 하지만 아무렴 괜찮습니다! 예수님과 성모님, 천사들과 요셉 성인과 프란치스코 성인이 늘 저와 함께 계십니다."

이런 내용도 있습니다.

"그리스도께서 악마들보고 자신들의 분노를 저에게 쏟아 붓도록 허락하셨던 22일의 시간이 지났습니다. 아버지, 저의 온몸은 수많은 폭력으로 상처 입었습니다. 우리 원수의 손으로 지금까지도 행해지는 폭력이 저의 몸에 고스란히 남아 있습니다."

이처럼 주님의 선택을 받은 몇몇 인물들도 악마에게 괴롭힘을 당했지요. 악마는 그들을 때리고, 무시무시한 환영에 시달리게 했으며, 온갖 수단으로 해를 입혔습니다. 하지만 제 아무리 끔찍한 고통으로도 이들의 신앙심을 꺾을 수는 없었습니다.

괴롭힘은 악마가 인간에게 하는 눈에 보이는 행동입니다. 악마가 사람을 사로잡지 않았더라도 사람에게 갖가지 해를 끼칠 때 이것을 '악마의 괴롭힘'이라고 합니다. 나 역시도 악마에게 괴롭힘 당하는 사람의 사례를 맡은 적이 있습니다.

> 어느 날 나는 알베르토라는 남성의 연락을 받았다. 그는 자신의 형제인 카를로가 악마에게 사로잡힌 것 같다고 했다. 나는 알베르토와 만나기로 기꺼이 약속했

다. 그는 자신의 형제들과 자매단 선교회로 찾아오겠다고 했다. 그래서 나는 두어 명이 찾아올 거라 생각했지만 약속 장소에는 알베르토와 카를로를 포함하여 가족이 여섯 명이나 왔다.

연락을 받고 이미 예상했던 대로 카를로는 일종의 우울증을 겪고 있었다. 사실 이 가족들은 모두 얼마 전부터 '외상 후 스트레스 장애'를 겪고 있었다. 그들 형제의 사촌 여동생이 남편에게 살해당하는 끔찍한 사건이 있었기 때문이다. 범죄 후 살인범은 자신과 평소 친하게 지낸 알베르토를 불러냈다. 그는 알베르토에게 별다른 설명 없이 만일의 경우 자신의 자녀들을 돌봐 줄 수 있는지 물었다. 질문이 이상했지만 알베르토는 '그렇게 하겠다'고 대답했다. 그러자 그는 이 대답을 들은 후 스스로 목숨을 끊었다.

이 사건은 가족들에게 이루 말할 수 없는 충격을 줬다. 특히 카를로에게 그랬다. 당시 카를로는 20년간이나 취리히 근처의 공장에서 단순 작업을 반복하며 살고 있었다. 그런데 이 사건으로 그동안 억압되어 있던 일 스트레스가 폭발했다. 사촌의 잔인한 죽음과 그로 인해 충격받은 가족들의 모습을 보면서 우울증에 걸린 것이다.

알베르토는 몇 년 전 자신에게도 똑같은 심리적 문제가 있었다고 고백했다. 가족들의 이야기를 듣다 보니 이 가족은 우울증을 일종의 가족력처럼 앓고 있는 듯이 보였다.

상담 중 알베르토는 나에게 가족들을 따라 자메단에 온 자신의 형수 마리아가 저주를 받은 것 같다고 말했다. 형과 결혼하기 전 이탈리아에 있었을 때부터 그랬다는 것이다. 그래서 나는 알베르토에게 마리아와도 이야기해 보겠다고 했다.

마리아는 머뭇거리며 자신의 이야기를 털어 놓았다. 과거 칼라브리아에는 여성들이 교회 앞에서 자신의 젖가슴을 드러낸 채 누군가에게 '악의에 찬 눈초리'를 보내 저주를 퍼붓는 의식이 있었다고 한다. 작가 코라도 알바로Corrado Alvaro가 1931년에 쓴 《칼라브리아*La Calabria*》라는 제목의 수필 책에는 칼라브리아 지역의 전통과 믿음, 미신에 대해 상세히 서술되어 있다. 자식들에게 오해를 받아 구타를 당하고 쫓겨난 한 어머니는 젖가슴을 드러낸 채 머리를 땅에 대고선 자식들을 저주했다.

마리아가 받은 저주가 바로 이러한 것이었다. 마리아의 가족이 스위스에서 풍요로움을 누리게 되자, 어렵게 살던 고향 칼라브리아의 마녀들이 마리아를 질투한 것이다. 마리아의 자동차와 옷, 심지어 여름휴가차 이탈리아에 돌아왔을 때 친척들에게 주려고 가져온 선물까지 마리아에 대한 악감정을 불러일으켰다.

그때쯤부터였다. 마리아는 무언가 속삭이는 소리와 말 없는 존재들을 느끼기 시작했다. 그 존재들은 그림자처럼 매일같이 마리아의 일상에 나타났고 마리아는 자신의 몸에 악마가 씌었을 것이라는 불안감과 공포가 생겼다.

나는 카를로와 마리아 모두에게 구마 예식을 시작하기로 했다. 사실 카를로는 악마와 관련이 없을 거라고 생각했다. 그러나 카를로에게는 이를 확신시켜 주고 안심시켜 줄 필요가 있었다. 이렇게 두 사람 모두에게 구마 예식을 거행하자 예상했던 대로 마리아가 반응을 보였다. 나는 두 사람 모두에게 자주색 영대를 씌웠는데, 말없이 있던 마리아는 아직 트랜스 상태에 빠지지 않았는데도 갑자기 크게 기침을 하더니 하품을 하기 시작한 것이다.

그러나 나는 첫 번째 구마 예식을 진행하다가 기도를 멈췄다. 마리아가 겪고 있는 문제가 '악마의 괴롭힘'에 해당한다는 것을 알게 되었기 때문이다. 그는 악마에 씌인 것이 아니었다. 악마가 다양한 징후로 마리아에게 겁을 주고 있었던 것이다.

요즘도 마리아는 칼라브리아에 있는 교구 사제에게 도움을 받고 있다고 합니다. 그가 하루빨리 고통에서 벗어나길 바랄 뿐입니다.

나디아라는 여성의 사례 또한 '악마의 괴롭힘'에 해당한다고 할 수 있습니다. 그가 처음으로 찾아갔던 구마 사제는 나디아가 악마에 씌었다고 생각하고 그에게 성수를 뿌렸습니다. 나디아의 반응을 통해 악마를 쫓아내려 한 것입니다. 하지만 그는 성공하지 못했고 그래서 나디아는 나에게 오게 되었습니다. 나디아의 사례는 처음 듣는 이야기는 아니었습니다. 비슷한 사례들이 많았으니까요.

　　나디아는 어느 피정 프로그램에 간 적이 있다. 한 평신도 모임이 주도하여 다 함께 구마 예식을 받는 피정이었다. 마리아는 그다지 내키지 않아 했지만 남편이 피정에 가자고 강하게 주장했기 때문에 어쩔 수 없이 따르게 되었다.
　　그 피정에서 마리아는 한 사제에게 구마 예식을 받았다. 그런데 구마 예식을 받고 마리아는 축복 대신에 저주를 받게 되었다. 그날부터 마리아는 어떤 손이 자신의 목과 관자놀이를 강하게 짓누르는 느낌에 숨이 막히는 것 같았다.

　이는 충분히 일어날 수 있는 일입니다. 사제 또한 자신도 모르는 사이에 악마의 도구가 될 수 있기 때문입니다. 그 피정에서 구마를 행했던 사제들은 소속 교구 주교로부터 구마 직무를 특별히 위임받지 못한 권한이 없는 사제들이었습니다. 구마 직무를 언제 어디서나 행할 수 있는 사람은 교황님뿐입니다. 지역 교회의 가장 뛰어난 구마 사제들인 주교들 또한 교황님과 동등한 권한을 갖고 있지는 않으며, 추기경 또한 마찬가지입니다. 그러니 일반 사제들에게는 구마를 임의로 수행할 수 있는 권한이 없습니다.

우리는 교회의 규칙을 어겨서는 안 됩니다. 교회의 규칙은 그저 제한을 두려고 만들어진 규칙이 아니라 우리에게 도움을 주기 위한 규칙이며, 우리가 전적으로 지켜야 하는 교회의 선善입니다.

피정에 다녀온 후 나디아는 그 피정에 참석했던 여러 사람들과 이야기하다가 다들 어떤 낯선 이가 방마다 돌아다니는 모습을 보았음을 알게 되었다. 이는 그 피정에 참석한 어린 여자아이도 보았다고 했다. 모든 사람들이 그의 존재를 기억했지만 그에 대한 묘사는 각자 달랐다. 유일한 공통점은 그와 눈이 마주쳤을 때 불길

한 느낌이 들었다는 것뿐이었다.

나는 나디아와 이야기를 나누고 함께 기도하면서 그가 악마에게 씌인 것이 아니라 악마에게 괴롭힘 당하고 있다는 것을 분명히 느꼈습니다.

괴롭힘 현상은 다양한 방면으로 나타나기 때문에 희생자들은 건강과 인간관계, 직업 및 커리어 등에 타격을 받을 수 있습니다. 어떤 형태로 나타나든 괴롭힘 현상은 오랫동안 끈질기게 이어지기 때문에 이를 겪는 희생자는 큰 고통을 받으며 견디기 힘들어합니다. 희생자는 끝이 없어 보이는 고문에 지쳐 버리다가 하느님에게 적대심을 품고 곧 하느님과 멀어지기도 합니다. 이것이 바로 사탄이 원하는 바입니다.

괴롭힘 말고도 악마는 갖가지 방법을 사용하여 사람들이 하느님 아버지에게로 향하지 못하도록 합니다. 악마가 사용하는 가장 흔한 수단은 바로 '유혹'입니다. 악마는 사람들에게 악행을 저질러 죄인으로 살아가도록 부추깁니다. 그렇게 하여 사람들을 자신들이 살고 있는 곳으로 끌어들일 수 있지요. 그곳은 바로 지옥입니다. 이는 모든 사람들이 천국의 문을 열 수 있도록 목숨을 바치셨던 예수님에 대한 완벽한 복수가 되는 것입니다. 프란치스코 교황님은 말했습니다.

"태어나서 죽음에 이르기까지 우리 모두는 악마가 벌이는 흔한 소행인 '유혹'의 대상이 됩니다. 인간이신 그리스도 또한 똑같은 운명에 놓이셨습니다. 그분을 통해, 우리는 우리 또한 원한다면 악의 유혹을 뿌리칠 수 있다는 것을 알고 있습니다. 우리에게는 경계와 기도라는 무기가 있습니다."

이보다는 드물지만 때때로 악마는 사람이나 사물에 '기이한 소행'을 벌이기도 합니다. 인간이 마술사나 점쟁이를 자주 찾아가거나 심지어 사탄의 의식에 참여하는 등 스스로를 위험한 환경에 두었을 때 일어날 수 있는 일입니다. 악마의 이러한 기이한 소행은 네 가지 형태로 그 강도와 심각성이 다양하게 나타납니다.

## 부마, 강박 관념, 침입

부마는 가장 심각한 형태입니다. 악마가 인간을 사로잡고 그의 몸을 이용하는 것입니다. 이때 악마는 부마된 사람의 입을 통해 악담과 모욕적인 말을 퍼붓습니다. 부마된 사람의 팔다리는 초인적인 힘을 발휘하게 되고, 격렬하게 발버둥질하며, 뒤틀린 몸으로 기어 다니기도 합니다. 악마는 부마된 사람의 정신에 복음과 반대되는 개념과 불경한 생각들을 잔뜩 집어넣습니다. 하지만 우리는 악마가 인간의 몸은 점령하더라도 영혼을 점령할 수는 없다는 것을 명심해야 합니다. 스스로 악마에게 이를 허락하지 않는 한 말입니다. 그렇기에 많은 성인들은 육체적으로는 악마의 공격을 받더라도 영적으로는 늘 깨어 하느님과 가까이 있으려 노력했습니다.

사람들은 나에게 부마된 사람의 삶이 어떠하냐는 질문을 자주 합니다. 그러나 악마의 방해가 항상 이어지는 것은 아닙니다. 다만 몇몇 '중대한' 순간에 부마된 사람의 상태가 매우 안 좋을 수 있습니다. 그것은 주로 악마가 자신을 드러내고 희생자를 정신적·지적으로 조종하여 주변 환경이나 사람들로부터 소외시킬 때입니다. 이러한 위기 상황이 아닐 때에는 부마된 사람도 일상생활을 이어 나갑니다.

사람들의 이해를 돕기 위해 나는 자동차에 비유하고는 합니다. 나에게 차가 한 대 있다고 해 봅시다. 나는 그 차를 매일같이, 일하러 갈 때나 슈퍼마켓에 갈 때 타고 다닐 것입니다. 하지만 차를 그저 주차장에 세워 둘 수도 있습니다. 내 소유인 만큼 사용하고 싶을 때 다시 시동을 걸면 그만이지요. 이는 다소 부적절한 비유일지도 모르겠습니다. 하지만 이것이 악마가 자신이 머물기로 한 사람을 대하는 방식입니다.

악마에게 실제로 사로잡힌 경우 대개는 해방되기까지 아주 오랜 시간이 걸립니다. 구마 예식을 수차례 반복해야 하는 긴 여정이지요. 다만 딱 한 번 나는 바몬테 신부님이 부마 사례를 단 몇 차례의 구마 예식만으로 해결하시는 모습을 보았습니다. 악마에게 사로잡힌 사람이 저주가 걸린 지 아직 얼마 되지 않았던 때였기에 가능한 일입니다.

> 한 이탈리아 남성의 가족들이 바몬테 신부님에게 연락을 했다. 남성이 목소리와 성격이 모두 바뀌는 기이

한 징후들을 보이며, 전에 하지 않던 행동을 하기도 한다는 것이었다.

그는 페루로 여행을 다녀온 길이었는데, 그에게 문제가 발생한 것은 페루에서 있었던 일 때문이었다. 그는 페루에서 다른 관광객들처럼 현지 공예품의 매력에 푹 빠졌다. 그래서 가족과 친구들에게 줄 기념품을 많이 구입해 집으로 돌아오려 했다. 그중에는 술도 한 병 있었는데, 술병 모양이 잉카 문명과 아즈텍 문명에서 제사장이 쓰던 의식용 칼 모양이었다. 그 칼은 '인간 제물'을 바칠 때 희생자의 가슴을 열어 심장을 꺼내는 데에 사용되었던 칼이다. 그 당시 중앙아메리카와 남아메리카 문명에서는 만연한 일이었다.

귀국 비행기를 탑승하는 길에, 그는 공항 안전 규범에 따라 액체류를 반입할 수 없다는 걸 알게 되었다. 그래서 그는 병 안의 술을 버리기 전에 조금 맛을 보려고 했다. 이는 경솔한 생각이었다. 그 술은 마시는 사람이 악마에게 사로잡히도록 사탄의 의식을 통해 저주가 걸린 물건이었기 때문이다. 이제 그 남성은 악마에 사로잡히게 되었다.

이탈리아에 귀국한 남성은 이전과는 다른 사람이 되어 있었다. 모두 가톨릭 신자였던 가족들은 이러한 현상을 논리적으로나 심리적으로 설명할 수 없다고 생각하고는 바로 그를 바몬테 신부님에게 데리고 왔다. 바몬테 신부님은 그에게 여러 번 강복을 주며 남성을 트랜스 상태로 인도했다. 그러자 악마는 곧바로 자신의 존재를 드러냈다.

바몬테 신부님은 단 한 번의 구마 예식 만에 이 순진했던 여행객을 해방시켰습니다. 하지만 이는 매우 드문 일입니다.

악마는 지울 수 없는 강박적인 생각들이 머릿속에 하루 종일 맴돌도록 할 수 있습니다. 꿈속에서도 그 생각이 나타나게 할 수 있지요. 이럴 때를 '악마로 인한 강박 관념'이라 합니다. 강박 관념에 걸린 사람은 평범한 삶을 살 수 없다는 생각에 점점 비관주의에 빠지게 됩니다. 또한 절망한 나머지 죽음으로라도 고통을 끝내고 싶어 합니다. 이 경우에는 자살 시도도

드물지 않게 일어납니다.

마지막으로, 인간에게 직접적으로 영향을 주지는 않지만 집이나 사물, 동물 등에 나타나는 악마의 침입이 있습니다. 이는 《구마 예식서》에 잘 나와 있습니다. 일부 구마 사제들에 따르면, 악마의 침입을 받은 상황에서 가장 효력 있는 구마 예식은 레오 13세 교황님의 《사탄 및 타락한 천사들에 대한 구마 예식》이라 합니다.

집에 악마가 침입하면 그 증상이 천장과 문짝에 나타납니다. 특히 늦은 밤, 아무도 건들지 않았는데 창문과 문이 제 스스로 열렸다 닫혔다 합니다. 혼자 꺼졌다 켜지는 조명과 텔레비전, 전자 기기들도 마찬가지입니다. 이러한 현상이 일어나지 않더라도 악마의 침입이 나타날 수 있는데 마술사의 저주가 걸린 물건들이 집 안에 있을 때입니다. 가식적인 친구나 질투심 많은 친척이 주문을 외워 침대, 베개, 저주 인형 등에 저주를 걸 수 있습니다. 악마의 침입은 성화에도 나타날 수 있습니다. 그런 경우에는 그 성화를 불에 태우거나 망가뜨려야 합니다.

저주

악마는 사람들에게 해를 입힙니다. 어떤 경우에는 악한 사람들을 유혹하여 누군가를 해치는 사탄의 중개자 노릇을 하도록 하기도 합니다. 사람이 사탄의 중개자가 된다는 것은 하느님의 섭리에 모순되지 않습니다. 하느님은 우리 모두의 선을 위하여 사람들이 죄를 선택할 수 있도록 허락하셨습니다. 우리의 형제인 인간들이 악마와 단합하여 우리에게 물리적으로 해를 입히는 것도 마찬가지라고 볼 수 있습니다. 하느님은 이러한 저주를 막지 않으셨지만 저주로 생겨나는 고통을 이겨 낼 힘을 우리에게 선물해 주셨습니다. 이는 아모르트 신부님도 재차 강조한 부분입니다. 신부님은 삶에는 반드시 괴로움이 따를 수밖에 없지만, 예수님과 친교를 맺으려 노력하는 이들의 마음은 어떤 어려움에도 더 잘 맞설 수 있다고 했습니다.

종종 나는 누군가에게 저주를 거는 것이 가능하냐는 질문과 저주의 본질이 무엇이냐는 질문을 받습니다.

악마는 하느님을 모방하려 합니다. 그래서 사탄교가 악마

숭배 의식을 바치고 사탄의 성경을 구비해 가며 교회의 위계를 흉내 내는 것이지요. 가톨릭교회에는 그리스도의 은총을 효과적으로 중개하는 수단인 성사가 있습니다. 이와 마찬가지로 사탄을 숭배하는 사람들에게는 '저주'가 있습니다. 성사의 효력을 모방하는 그들의 예식과 주문은 교회와 반대로 '선'이 아니라 '악'을 불러냅니다.

이렇게 실행된 저주 가운데 일부는 정말로 효력이 있기도 합니다. 악마가 자신을 숭배하는 사람들을 통해 움직이고자 하며, 하느님이 이를 허락하실 때 그렇습니다. 내가 다른 사람을 시켜 누군가를 살해하라고 사주할 수 있듯이 저주를 거는 사람은 누군가에게 해를 입혀 달라는 청을 '악마'에게 하는 것입니다. 두 경우 모두 가엾은 희생자에게 해를 입힐 것입니다. 저주로 누군가에게 폭행을 당할 수도 있고, 원치 않는 사랑에 빠질 수도 있으며, 건강에 문제가 생기거나 직장생활이 망가질 수도 있습니다.

모든 저주가 효력이 있지 않다는 점이 다행이라고 해야 할까요? 목 잘린 암탉과 머리카락, 묘지의 흙만으로는 저주를 거는 데 충분하지 않으니까요. 악은 악마의 작용에서 나오는 것이지 저주에 사용된 재료가 중요한 것은 아닙니다. 한 사람이 다른 한 사람을 조종하게 되는 데에는 단순히 '불쾌한 것을 섞는 것'만으로는 충분하지 않습니다. 저주하기 위해 시행된 마술 의식과 그 의식의 효력을 믿는 사람을 악마가 이용하고자 해야 합니다.

저주는 특정한 물건들을 통해 실행됩니다. 이는 직접적일 수도 있고, 간접적일 수도 있습니다. 영화에서 여러 번 등장했던 만큼, 저주 대상을 상징하는 저주 인형에 핀이나 못이 박혀 있는 모습은 많은 사람들이 알고 있습니다. 이는 대상에게 해를 입히기 위한 것이지요. 그러나 그것만 사용되는 것은 아닙니다. 희생자의 사진이나 옷이 사용되기도 하지요. 이 저주는 전이 효과를 노리는 저주입니다. 저주의 대상에게 고통이 간접적인 방식으로 전달되기를 바라는 것이지요.

페루를 여행했던 이탈리아 남성처럼 사람이 먹는 음식이나 쿠션, 매트리스 등 사람과 접촉한 물질로 인해 일어나는 저주도 있습니다. 때로는 부적이나 저주가 걸려 있던 물건들이 구마 예식 중에 토사물로 나오기도 하며, 안 보이던 곳에서 갑자기 나타나기도 합니다.

아모르트 신부님은 구마 예식을 끝내고 테이블 위에 놓인 작은 못을 발견했다. 바로 직전까지도 테이블 위에는 아무것도 없었는데 말이다. 아모르트 신부님과 나는 이를 똑똑히 기억하고 있었다. 아모르트 신부님은 못에 성수를 뿌리고는 치워 버렸다. 치울 때에도 못을 손으로 직접 만지지 않기 위해 손수건으로 감쌌다. 나는 불쑥 이 못을 가져가 '추억의 물건'으로 간직하고 싶다는 생각을 했다. 그러나 곧 이런 물건은 분명 지니고 있지 않는 편이 낫다는 것을 떠올렸다. 어쩌면 이는 방사능보다도 위험할지도 모르는 것이니 말이다.

보통 구마 사제들은 극단적인 위험이 있다고 느껴지는 물건은 야외에서 기도를 하며 태워 버립니다. 그리곤 그 재를 강이나 바다, 하수로 등 흐르는 물에다 버립니다.

저주는 대상의 고통을 바라는 행위입니다. 저주의 대상자는 두통이나 복통부터 불면증, 우울증까지 각종 통증을 겪기도 하고, 신성한 것에 대한 혐오감을 겪기도 합니다. 그들에게 부마 현상까지는 일어나지 않아도 경제적 피폐나 질병, 죽음, 자살 등과 같은 각종 불운이 따라다닙니다.

종종 대상이 애정을 받지 못하게 되도록 비는 경우도 있습니다. 이러한 저주는 시어머니가 며느리를 질투해서 거는 경우가 생각보다 많습니다. 반대로 일부는 어떻게든 누군가의 사랑을 얻게 해 달라고 빕니다. 이러한 행위는 자신이 그렇게 하고 있다는 것도 모른 채 스스로의 영혼을 위험에 빠뜨리는 것입니다. 악마에게 문을 열어 주는 행위니까요. 특히 신앙심이 약해지거나 신앙생활을 게을리하게 되었을 때 그런 경우가 많습니다. 마술이나 카드 점, 기이한 의식에 눈을 돌려 신앙의 빈자리를 채우려고 하는 것이지요. 인류학자 체칠리아 가토 트로키Cecilia Gatto Trocchi의 연구에 따르면 살면서 한 번이라도 스스로를 마술사라고 말하는 사람을 찾아가 본 일이 있는 사람들의 숫자는 이탈리아에서만 천만 명에 이른다고 합니다. 하느님께 의지하는 대신에 오컬트 문화에 의지해 본 사람의 수는 이렇게 많습니다.

한편 저주를 거는 주술 시장은 막대한 매출을 올리는 수익성 사업이기도 합니다. 거래의 형태도 일반 상점과 동등한 방법을 사용합니다. 비용을 선불로 절반을 치르고 절반은 손님이 효과를 보면 나중에 내는 식이지요. 하지만 주술 시장은 가구 구매나 캐터링 서비스 예약이 아니라, 인간에게 고통을 가져다주는 문제를 다룹니다.

카드 점도 엄연히 교회가 단죄하는 미신에 속합니다. 손을 보면 미래를 읽을 수 있다는 수상학도 미신입니다. 일어날 일을 예측하는 것은 인간이 아니라 오직 하느님만 하실 수 있습니다. 우리는 악이 아니라 선을 찾아 하느님에게 의지해야 합니다. 예수님은 말씀하셨습니다.

"너희는 원수를 사랑하여라."(마태 5,44)

예수님은 우리가 누군가에게 적대심을 품기를 원하지 않으십니다. 우리가 어떠한 목적을 이루기 위해서 악마와 동맹을 맺는 것도 원하지 않으십니다. 게다가 저주에는 우리가 조심해야 할 것이 있습니다. 그것은 바로 악마가 사기꾼이라는 점입니다. 그렇기에 악마를 믿고 저주를 시행하면 그 저주를 시행했던 사람에게 그 저주의 효력이 되돌아올 수도 있습니다.

## 날 내버려 둬

*Professione Esorcista*

내가 부모님을 뵈러 멕시코에 갔을 때 있었던 일이다. 늘 그랬듯 나는 부모님의 환영과 고향의 따뜻함 속에서 며칠간 푹 쉴 수 있었다. 하지만 사제에게 진정한 휴가란 없는 것 같다. 나는 우리 가족과 친분이 있던 집의 열세 살짜리 딸이 갑자기 이상하고 폭력적인 행동을 해서 온 가족이 걱정하고 있다는 연락을 받았다.

소녀의 가족들은 내게 구마 예식을 부탁했다. 그러나 나는 구마 예식을 할 수 없었다. 구마는 주교의 승인이 있어야 수행될 수 있으며 오로지 승인해 준 주교의 관할에서만 수행할 수 있기 때문이다. 근심으로 가득 찬 가족에게 나는 이 점을 잘 설명했다. 혹시 예외적으로 허락을 구할 수 있을까 하여 교구 주교님에게 연락을 취하려 했지만, 연락이 닿지 않았다. 주교님도 휴가 중이어서 교구에 계시지 않았던 것이다.

그러나 구마 예식을 하지 못한다고 해서 방법이 없는 것은 아니었다. 그리스도인이라면 누구나 전 세계 어느 곳에서든 '해방 기도'를 바칠 수 있다. 악마에게 물러나라고 직접 명령하는 구마 예식과 달리, 해방 기도는 하느님께 악마에게 고통받는 사람을 해방시켜 달라고 청하는 기도다. 이 기도는 성모님과 성인들에게 전구를 청하는 방식으로 바칠 수도 있다.

나는 면담을 통해 소녀에게 무슨 일이 일어나고 있는 지 알아보려 했다. 어린 소녀는 13살이었다. 그는 부모님에게 혼이 날까 걱정하면서도 너무나 무서운 마음에 도움을 청해 왔다. 소녀는 친구들과 함께 손금 점을 보는 점술사에게 다녀온 뒤부터 이상한 기분을 느끼고 있었다. 소녀는 남자친구를 사귀고 싶었기 때문에 자신의 미래가 무척 궁금했던 것이다.

소녀가 사는 곳은 멕시코 남부의 오악사카Oaxaca 지방이었다. 이 지역은 오늘날까지도 미신과 마술들이 성행하여 가톨릭교회가 전파되는 것을 막고 있는 곳이다. 오악사카 지역에 사는 사람들, 특히 청소년들은 백마술이나 흑마술의 힘에 기대어 여러 가지 삶의 굴곡을 해결하려는 일이 많다.

나는 물과 소금을 축성하며 악마와 맞설 때 특별히 효과가 큰 기도를 바쳤다. 또한 성모님에게 기도를 드렸다. 어떤 경우라도 교회가 세운 규칙을 어기지 않는 것이 중요하기에 나는 구마 예식을 진행하지 않고 해방 기도를 바쳤다. '부득이한 사정'이라는 명목으로 교회의 규칙을 어기고 어떤 것을 정당화하게 되면 이는 전체 그리스도 공동체에 큰 피해를 줄 수도 있기 때문이다.

성모님에게 도움을 청하자, 소녀는 트랜스 상태에 빠졌다. 나는 소녀의 이마에 손을 얹고 뒤집힌 소녀의 눈을 똑바로 쳐다보았다. 그러자 소녀는 갑자기 기침을 하고 몸을 떨기 시작했다. 그리고는 쉰 목소리로 매우 낮게 말했다.

"라르가테 데 아퀴Làrgate de aqui(여기서 나가)!"

그리고 다시 말을 이었다.

"데자메 엔 파스Dejame en paz(날 내버려 둬)."

나는 소녀에게 안수를 하며 속으로 '성령 청원 기도'를 바쳤다. 그리고 그 자리에 있던 사람들과 함께 기도를 바쳤다. 소녀는 분명 악마에게 고통받고 있었다. 점술사를 찾아갔던 날 무슨 일이 일어났던 것이다. 내가 아모르트 신부님에게 '보고 배운' 이마를 두드리는 동작을 하자, 소녀는 깨어났다. 깨어난 뒤 잠시 어리둥절한 표정이던 소녀는 자신의 몸을 보더니 기겁하여 소리 질렀다.

"이 물은 대체 뭐야?"

내가 얼굴과 몸에 뿌렸던 성수를 인지하지 못하고 있었던 것이다. 이를 보면 조금 전에는 정말로 트랜스 상태였던 것이 분명했다. 나는 소녀의 부모에게 아이를 한시라도 빨리 교구의 구마 사제에게 데려가라고 전했다.

재미 삼아 보는 카드 점은 어둠의 세력에게 악을 행하도록 문을 열어 주는 일이 될 수 있습니다. 누군가는 이를 생각지 못하고 점술사를 찾아갈 수도 있지요. 하지만 어떻게 매년 700만 명이 넘는 이탈리아 사람들이 마술사를 찾아가는 건지 의문입니다. 이런 생각이 들 때마다 나는 영국 출신의 가톨릭 작가인 길버트 K. 체스터턴Gilbert K. Chesterton이 했던 말을 떠올리곤 합니다. 그는 이렇게 말했지요.

"하느님을 믿지 않는 사람은 아무것이나 믿게 된다."

많은 사람들이 교회와 성경을 무언가 자유로운 이성을 방해하는 반계몽주의적인 것으로 치부합니다. 그러나 그러면서도 미래에 대한 가짜 해석을 듣기 위해 돈까지 지불합니다. 사기꾼들이 하는 말은 얼마든지 믿지요. 다행히도 그들 대부분은 단순한 사기꾼입니다. 그러나 그들 가운데 일부는 돈과 권력을 위해 악마를 섬기고 있습니다. 그래서 정말로 악마에게 문을 열어 줄 수도 있지요. 이때에는 정말 최악의 상황이 벌어집니다. 사람들은 자신이 대체 얼마나 무서운 함정에 빠지고 말았는지 너무나 늦게 깨닫습니다.

구마 사제 역시 누군가의 불행이나 애정 결핍을 무언가 '해

없이 유익한' 의식을 통해 해결해 주는 '착한' 마술사로 간주될 위험이 있습니다. 그렇기에 나는 찾아온 사람들에게 악마와 관련된 어떤 현상도 없다는 확신이 들면 구마 예식을 해주지 않습니다. 그러나 어떤 경우에도 내담자들의 질문을 부정적으로 판단하지는 않으려 노력합니다. 그들과 진심으로 길고 긴 대화를 나누지요. 사제는 멀린이나 해리포터의 덤블도어처럼 사람들의 문제를 해결해 줄 마술 지팡이를 지니고 있지 않습니다. 다만 그들의 이야기를 들어 주며 사제로서 의견을 주는 일은 얼마든지 할 수 있습니다.

# 4

## 주님은 왜 이것을 허락하신 걸까요?

## 믿는 이는 승리합니다
*Professione Esorcista*

아모르트 신부님은 주교가 자신의 관할 지역 내에 구마 사제를 임명하지 않는 것은 잘못된 것이라고 말했습니다. 분명히 도움이 필요한 사람들이 있을 것이기 때문입니다.

사실 모든 교구마다 구마 사제가 임명되어 있는 것은 아닙니다. 그래서 악마의 영향을 받고 있다고 느끼는 사람들은 영적 위안과 도움을 얻기 위해 수백 킬로미터의 거리를 이동해야 하기도 합니다. 이처럼 구마 사제들은 지역마다 골고루 배분되어 있지 않으며, 정확한 구마 사제의 수가 몇 명인지도 알려져 있지 않습니다.

교황청은 세례성사나 혼인성사를 거행한 횟수를 알고 있습니다. 각 교구마다 교황청에 자료를 제출하지요. 그러나 구마 사제의 수나 지금까지 행한 구마 예식의 횟수는 자료를 제출하지 않습니다. 어떤 교구에는 구마 사제가 2명 이상 있기도 하고, 어떤 교구에는 구마 사제가 아예 없기도 합니다. 이탈리아에는 총 226개 교구에 240명의 구마 사제가 있습니다. 그리고 스위스에는 6개 교구에 5명의 구마 사제가 있습니다. 그중 4명이 쿠어 교구의 구마 사제이지요. 2014년 교황청은 성직자성의 교령을 통해 국제 구마 사제 협회를 공식 기구로 인정했습니다. 교회법 제322조 1항의 규정에 따라 국제 구마 사제 협회는 신자들의 국제 사립 협회로서 법인격을 가지게 되었고 이에 따른 모든 법적 권리 및 의무를 취하게 되었습니다.

    교황청 신문인 〈로세르바토레 로마노〉에 따르면 국제 구마 사제 협회를 설립하겠다는 아이디어는 1980년대에 아모르트 신부님이 내놓은 것이라고 합니다. 당시 바오로 수도회의 수사였던 아모르트 신부님은 로마의 구마 사제로서 매우 활발한 활동을 펼치고 있었습니다. 1980년대는 오컬트에 대한 관심이 커지는 시기였습니다. 그래서 자신에게 위험이 닥쳤거나 위협을 받고 있다고 느끼는 사람들이 종종 구마 사제를 찾아오고 있었지요. 이런 상황 속에서 아모르트 신부님은 구마 사제들을 한데 모아야겠다는 생각을 했습니다. 구마 사제들의 경험과 생각을 공유하여 사람들에게 더욱 구체적인 도움을 줄 수 있도록 해야겠다는 마음이었습니다.

국제 구마 사제 협회가 공식적으로 설립된 때는 1991년 9월 4일입니다. 1993년 아모르트 신부님과 신부님의 동료인 이탈리아의 여러 신부님들은 프랑스의 구마 사제인 르네 쉐네René Chenessau 신부님과 신학자인 르네 로랑탱René Laurentin 신부님이 주최한 회의에 참여했습니다. 1993년에 진행된 회의는 긍정적인 분위기였습니다. 그래서 1994년에 회의가 다시 열렸고, 2년마다 이탈리아 아리치아Ariccia에서 꾸준히 국제 모임을 이어 나가기로 결정했습니다. 그리고 아모르트 신부님이 국제 구마 사제 협회의 초대 회장으로 선출되었지요. 신부님은 협회 규정의 초안을 만들기도 했습니다. 구마 직무처럼 민감하고 특수한 분야에서는 '교류'가 중요합니다. 혼자서 해결하기 어려운 사례가 많으니까요. 나도 복잡한 사례를 만나면 쿠어 교구의 다른 구마 사제와 함께 상의하며 의견을 주고받습니다.

이탈리아 주교회의의 《구마 예식서》에는 구마 사제들이 다음과 같은 내용을 유념하도록 명시되어 있습니다.

"교구의 구마 사제들이 서로 자주 만나거나 주교와 함께 만나 경험과 생각을 공유하는 것이 좋습니다. 이와 같은 모임은 때때로 교구 간, 국가 간의 차원으로 개최해도 좋을 것입니다."

이러한 점에서 교황청립 사도들의 모후 대학에서 매년 열리는 구마 교육 과정은 상당히 중요합니다.

로마 교구의 구마 사제이자 아모르트 신부님의 뒤를 이어 국제 구마 사제 협회를 이끄셨던 프란체스코 바몬테 신부님은 협회가 바티칸으로부터 공식 기구로 인정받자 매우 기뻐했습니다. 바몬테 신부님은 〈로세르바토레 로마노〉를 통해 이렇게 말했습니다.

"하느님은 이 귀한 구마의 직무와 해방의 직무에 사제들을 부르셨습니다. 겸손과 믿음, 자선으로 영적·사목적인 관심을 특별히 필요로 하는 사람들의 곁을 지키며 이들을 돌보고 격려하라고 부르셨습니다. 국제 구마 사제 협회가 바티칸에서 공식 기구로 인정받은 것은 우리 협회뿐만 아니라 전 세계 모든 교회에 기쁨의 동기가 될 것입니다."

국제 구마 사제 협회가 설립될 당시 이 협회에 가입한 구마 사제의 수는 30개 국가에 250명이었습니다. 초대 협회장이었던 아모르트 신부님은 이렇게 말했습니다.

"앞으로 더 많은 사제들이 종종 과소평가되기도 하는 이 드라마틱한 구마의 세계를 이해하게 되기를 바란다."

예수님은 제자들에게 복음을 선포하고 악과 싸우라는 임무를 맡겼습니다. 마르코 복음서에는 이렇게 나와 있습니다.

"그분께서는 열둘을 세우시고 그들을 사도라 이름하셨다. 그들을 당신과 함께 지내게 하시고, 그들을 파견하시어 복음을 선포하게 하시며, 마귀들을 쫓아내는 권한을 가지게 하시려는 것이었다."
(마르 3,14-15)

이와 같은 까닭에 사도들의 뒤를 잇는 주교들은 사실상 모두 구마 사제입니다. 실제 구마 직무를 하는 주교들은 많이 없을지라도 말입니다. 구마 사제들은 해당 교구의 주교에게 이 특수한 임무를 분명하게 위임받은 사제들입니다. 그렇기에 어떤 사제가 고통받는 사람을 위해 아무리 애쓰고 싶다 해도 '주교의 임명' 없이는 구마 활동을 할 수 없습니다.

교회법에 따르면, 구마 활동은 '경건함과 지식, 신중함과 청렴함을 갖춘' 사제에게 내려지는 임무입니다. 이런 구마 사제들 가운데에는 '악과 싸우는 고독한 영웅'이란 있을 수 없습니다. 구마 사제는 본인의 능력으로 움직이는 이들이 아니라 교회의 이름을 걸고 움직이는 이들이니까요.

하느님께 악에서 구해 달라고 청하는 것은 구마 사제만 할 수 있는 일은 아닙니다. 우리 모두 다 할 수 있습니다. 이는 우리가 주님의 기도를 바칠 때마다 이미 하고 있는 간청입니다. '악에서 구하소서'는 예수님이 우리에게 직접 가르쳐 주신 이 기도문의 마지막 구절입니다.

하지만 구마 예식은 반드시 구마 사제만이 할 수 있는 것입니다. 구마 사제가 사람을 사로잡거나 괴롭히는 악마를 내

쫓는 명을 내릴 때에는, 구마 사제 개인만이 아니라 모든 교회의 기도와 믿음에서 나오는 힘을 빌려 명령하는 것이기 때문입니다. 구마 예식은 거룩한 가톨릭교회의 권위 하에 주님의 이름으로 행해지는 엄숙하고 공적인 기도입니다.

라벤나Ravenna 교구와 파엔자Faenza 교구의 구마 사제이자 국제 구마 사제 협회의 대변인인 파올로 카를린Paolo Carlin 신부님은 구마 사제에게 도움을 구하는 사람들이 늘고 있는 것은 마술이나 에너지 철학, 영적 철학에 대한 신봉과 미신이 늘어나고 있는 것과 밀접한 관련이 있다고 강조합니다. 살면서 한 번이라도 마술사, 점술사, 초능력자, 점성가를 찾은 적이 있는 이탈리아인이 천만 명이나 된다는 자료와도 관계가 있습니다.

신앙심이 깊지 않은 사람들은 인간의 능력 밖에 있는 지식이나 힘에 기대고자 하는 경향을 보입니다. 그래서 자진해서 오컬트에 빠지는 것입니다. 그것이 어떤 결과를 낳는지 알지 못한 채 말입니다. 카를린 신부님은 이에 대해 다음과 같이 경고했습니다.

"초인적인 능력을 바라는 것은 인간 존재를 뒤흔들어 놓습니다. 왜냐하면 그 능력은 타락한 천사들인 악마에게서 오기 때문입니다. 하느님의 천사들은 주님의 계획을 따르기 때문에 인간에게 그런 능력을 주지 않습니다. 의식해서 하는 것이든 의식하지 못한 채 하는 것이든 오컬트와 관련된 어떤 것을 행하다가 악마의 실체와 마주하게 되는 사람들이 늘어나고 있습니다. 그 실체는 하느님 아버지의 적대자이자 거짓의 아비인 사탄입니다. 이때에는 하느님을 자신의 삶의 중심에 두어야 합니다."

물론 마술사의 대부분은 절망한 사람들을 이용해 속이려는 사기꾼입니다. 그러나 그중에는 악마 숭배 의식이나 교령회, 악마와 맺는 계약에 능수능란한 '진짜 사탄주의자'도 있습니다. 이러한 사람들은 너무도 위험하지요. 카를린 신부님은 말했습니다.

"우리는 하느님이 악마에게 우리를 건드리도록 허락하지 않으실 것임을 압니다. 악마가 할 수 있는 것은 고작 유혹뿐이라는 것을 압니다. 하지만 우리가 악마에게 우리의 일상생활에 들어올 틈을 줘 버리면, 악마는 그 선을 넘어옵니다."

그렇기 때문에 무엇보다 영성적·종교적 교육을 통해 신자들이 위험한 길로 들어서지 않도록 막는 것이 중요합니다.

나는 '구마'를 부단한 믿음의 삶과 분리할 수 없다고 생각합니다. 짧지 않은 시간 동안 부단한 믿음과 함께할 때 구마가 이루어질 수 있기 때문입니다. 그래서 누군가는 이렇게 말했습니다.

"믿는 이는 승리합니다. 믿음이 없다면 사탄을 패배시킬 수 없습니다."

# 저희를 유혹에 빠지지 않게 하시고, 악에서 구하소서

*Professione Esorcista*

악이 기승을 부리고 있는 것처럼 보입니다. 텔레비전을 켜서 세상에 어떤 일이 일어나고 있는지 보기만 해도 이런 생각이 듭니다. 선은 산들바람처럼 겸손하지만, 악은 울리는 나팔과 같습니다. 악은 신비이며 우리 그리스도인들은 이 신비와 매일 마주하도록 부르심 받았습니다.

악마가 어떤 사람을 괴롭히고 사로잡으려 들기만 하면 그때부터 그 사람은 악마에게 시달리게 된다는 점은 참으로 이해하기 어려운 일입니다. 물론 하느님이 정하신 한계를 악마가 넘을 수 없을 테지요. 그렇다고 할지라도 오늘날 이 세상에서는 악마의 활동만 더욱 두드러지게 나타나고 있습니다. 악마는 사람들을 괴롭히고 사로잡으려 들면서 인간에게 위세를 부립니다. 악마에게 사로잡히게 되면 악은 물리적 형태를 가지며 만질 수도 있게 됩니다.

나는 구마 사제로서 나를 찾아온 이를 영적으로 돕지 못할 때에 가장 괴롭습니다. 이들은 내게 이렇게 묻습니다.

"주님은 왜 이것을 허락하신 걸까요? 전능하신 하느님이 사탄보다 더 위대하시다면, 도대체 왜 이 고통이 끝나지 않는 걸까요?"

사실 조금만 고민해 보면 가장 간단한 문제부터 풀리지 않는 의문입니다. 나는 미사가 가지는 무한한 가치를 잘 알고 있습니다. 토마스 아퀴나스 성인은 미사에 대해서 이렇게 말했습니다.

"그리스도의 성혈 한 방울로도 온 세상을 구할 수 있습니다."

나는 이 말에 전적으로 동의합니다. 그렇다면 여기서 의문이 생길 수 있습니다. 그것은 '미사만 드려도 악마에게 고통받는 사람들을 고통에서 해방시킬 수 있지 않을까요?' 하는 의문입니다.

나는 이에 대해 아모르트 신부님에게 물어본 적이 있습니다. 바몬테 신부님과도 논의를 했지요. 다른 신부님들, 동료 구마 사제들과도 많은 이야기를 나눴습니다.

하지만 이 질문에 대한 답은 우리는 그 답을 알 수가 없다는 것입니다. 하느님은 당신의 창조물들에게 선한 것만을 주고 싶어 하시는 분입니다. 하지만 그분은 우리에게 선택할 수 있는 자유와 그에 대한 책임을 주셨습니다. 그래서 우리는 스스로 악에 접근하다가 불타 버릴 수도 있습니다. 이는 하느님이 허락하신 바입니다.

이미 여러 번 말했지만 악마는 인간의 몸을 소유할 수 있어도 영혼은 소유할 수 없습니다. 인간이 스스로 자신의 영혼을 내어 주지 않는다면 말입니다. 욥기에서 우리는 극심한 불행에 시달리는 한 의로운 사람의 이야기를 볼 수 있습니다. 이때에도 주님은 당신 종 욥의 믿음이 시험받는 것을 허락하셨습니다.

데르민 신부님은 욥기가 악마에게 사로잡히거나 악마에게 괴롭힘 받는 사람들이 고난과 기도를 통해 더욱 더 성스러워지는 모습을 보여 준다고 했습니다. 고통 중에 더욱 더 부단하고 간절하게 성사를 드림으로써 하느님과 더 친밀해지기 때문입니다. 나에게 저주와 고통을 가져다준 사람에 대한 화를 가라앉히고 진심으로 그 사람을 용서해 내면, 곧 한 인간으로서 성장하고 거룩해지게 됩니다. 비록 이 모든 것은 혹독한 고통의 시간이 지난 후에야 찾아오지만 말입니다.

그러므로 이 고통은 개인과 가족들, 그리고 우리 모두를 정화시켜 주는 고통이자 모두를 이롭게 하는 고통이라 할 수 있습니다. 나는 이 사실을 굳게 믿습니다. 그러나 아무리 이렇게 믿고 있어도 막상 고통받는 사람들의 절규를 들을 때면 마음이 너무 아픕니다. 이럴 때 믿음에 시련이 생깁니다.

솔직히 말하자면, 나는 가끔 주님께 화을 내며 여쭐 때도 있습니다.

"주님, 이들은 주님의 사람들이며 어린 양들입니다. 어찌 이들이 그리 고통받게 내버려 두실 수 있습니까? 어찌 이들을 해방시켜 주시지 않으십니까?"

때로는 주님께 이렇게 외치기도 합니다.

"주님, 이제 더는 기적을 행하실 수 없으신 겁니까?"

아모르트 신부님은 말했습니다.

"악마와의 싸움은 참 끈질깁니다. 또 패배할 수도 있는 싸움이지요. 우리 구마 사제들은 그 싸움의 최전선에 있는 사람들입니다. 그러나 부마된 사람들 역시 우리와 함께 싸우고 있다는 것을 잊지 마세요. 이들은 악마의 희생자이면서 동시에 일반 사람들처럼 살아가야 한다는 십자가를 지고 있습니다. 일상에서 그들은 마음속이 아무리 절망스럽고 힘들어도 누구에게도 쉽게 마음을 털어놓을 수 없습니다."

하느님의 도우심 덕분에 나의 질문들이 믿음에 대한 의심으로 번지지는 않았습니다. 나는 미사의 효력, 그리고 준성사인 구마 예식의 효력에 대해서는 한 번도 의심한 적이 없기 때문입니다. 그래도 가끔 좌절감이 들곤 합니다. 나는 이를 악마의 시도라고 봅니다. 좌절감에 빠뜨리는 것이 악마가 가장 즐겨 쓰는 책략 가운데 하나니까요.

나는 때때로 하느님을 원망하기도 합니다. 하지만 나는 그럴 때일수록 더욱 열렬히 기도합니다. 아모르트 신부님은 말했습니다.

"나는 부마에 대해 너무 많은 설명을 하려 하지 않습니다. 부마 현상이 일어난다는 것, 그게 전부입니다. 악마에게 사로잡히는 것은 논리적으로 이해할 수 없는 악의 신비입니다. 그 악에 맞서 우리는 하느님 아버지께 기도를 드려야 합니다. 기도드리고, 기도드리고, 또 기도드려야 합니다."

하느님은 결코 우리를 버리지 않으시는 분입니다. 내가 지켜본 결과 나와 꾸준히 면담하며 열심히 기도를 바쳤던 사람들은 6개월 정도면 모두 자신들의 상황이 객관적으로 나아졌다고 느꼈습니다. 당사자뿐 아니라 가족들 모두가 그렇게 판단했습니다. 또한 가족들이 이 어찌할 수 없는 현상을 무기력하게 바라보기만 하지 않고 부마된 사람을 돕기 위해 함께 그 고통을 나눌 때 그들은 좀 더 좋아지는 모습을 보입니다.

예수님은 분명 제자들이 시험받도록 하셨습니다. 하지만 어둠이 제자들을 이기는 것은 허락하지 않으셨습니다. 그렇기 때문에 우리는 우리 또한 악마를 이길 수 있음을 확신할 수 있습니다.

프란치스코 교황님이 로마 사제들과의 회의에서 말했던

것을 상기해 보세요. 악마는 우리를 교묘하게 유혹하여 예수님이 아무런 도움을 주지 않고 우리를 떠나 버리실 것이라고 우리가 믿게 만듭니다.

예수님 또한 올리브 산에서 그러한 유혹을 받으셨습니다. 그분이 버림받았다고 느끼셨던 때지요. 그때 주님이 가르쳐 주셨던 주님의 기도, 그 기도의 마지막 문구가 이제 우리를 악마에게서 구해 줄 것입니다.

"저희를 유혹에 빠지지 않게 하시고, 악에서 구하소서."

### 지은이 **체사레 트루퀴**

1968년 멕시코 소노라주에서 태어나 1993년에 부르심을 받고 사제가 되기로 했다. 로마 교황청립 사도들의 모후 대학에서 공부하던 중에 저명한 구마 사제인 가브리엘 아모르트 신부를 만나 그의 수제자가 되었고, 이후 스위스 쿠어 교구의 구마 사제로 자매단에 머물고 있다. 세계에서 가장 인정받는 구마 사제 가운데 하나로 로마 사제 양성 기관의 사무총장을 역임하기도 했다. 로마 교황청립 사도들의 모후 대학에서 주최하는 구마 강의를 맡고 있으며 이밖에도 전 세계를 돌아다니며 활발하게 강연 활동을 하고 있다.

### 지은이 **키아라 산토미에로**

이탈리아 테르몰리 출신으로 현재는 〈로세르바토레 로마노〉의 기자로 활동하고 있다. 저서로는 《천사와 악마와 신에 대한 환상적인 이야기》 등이 있다.

### 옮긴이 **황정은**

한국외국어대학교 이탈리아어과를 졸업하고, KBS 〈다큐세상〉, JTBC 〈마녀사냥〉, EBS 〈세계 테마 기행〉, SBS 〈SBS 스페셜〉 등 다양한 방송 콘텐츠의 자막을 맡았다.

### 감수 **윤주현**

가르멜 수도회 소속 수도 사제로, 서울 가톨릭대학교, 그레고리아눔, 테레시아눔(2001, 박사 학위 취득), 아빌라 신비 신학 대학원에서 신학, 영성 신학, 신학적 인간학, 토미즘, 가르멜 영성을 전공했다. 대전가톨릭대학교, 수원가톨릭대학교, 문화영성대학원, 가톨릭 교리신학원에서 교의 신학, 영성 신학 교수로 활동하고 있다. 다양한 총서를 기획, 창간했으며, 이를 통해 약 50권의 저서와 역서를 출간했다. 제22회(번역상), 제25회(본상) 한국 가톨릭 학술상을 수상했다. 《신학대전》 번역·간행위원이자 한국 가톨릭 학술상 상임심사위원이다.